LA CUISINE DES LOISIRS ET DES VACANCES DE FRANÇOISE BERNARD

Photographies : Philippe ASSET

Réalisation : MARACAÏBO

LA CUISINE DES LOISIRS ET DES VACANCES

DE

FRANÇOISE BERNARD

HACHETTE

SOMMAIRE

Chaque chapitre comporte une trentaine de recettes spécialement bien adaptées au type de loisir considéré, mais la plupart peuvent également convenir à d'autres situations.

INTRODUCTION

J'ai beaucoup hésité devant ce titre « Cuisine des Loisirs et des Vacances ». N'y a-t-il pas contradiction entre les termes cuisine et loisirs, au moins pour une femme !

La cuisine, et tout ce qu'elle suppose en dehors de la confection des plats : achats, rangement des produits, nettoyage, vaisselle, et même tenue du budget, n'est-elle pas l'activité de base des ménagères, une activité que les mœurs, que peut-être la loi demain, vont considérer comme quasi professionnelle ?

Alors, le loisir, pour la maîtresse de maison, ne serait-il pas, à certains jours, de ne plus faire la cuisine ou de la laisser à d'autres membres de la famille, ou d'aller tout bonnement au restaurant ? Je ne doute pas que votre mari, vos enfants, vos amis sachent vous donner de temps en temps les vacances méritées et qu'il vous arrive de déguster la plus reposante des cuisines : celle des autres.

Mais ces escapades demeurent l'exception. C'est à vous qu'il revient de préparer, à côté des repas de tous les jours, les repas des jours de vacances !

Le loisir est d'ailleurs bien difficile à définir. Fils de la liberté, il prend tous les visages. C'est, bien sûr, le traditionnel dimanche et le plus moderne week-end. Les jours sans bureau ni atelier peuvent être des jours comme les autres. Mais préparez quelque chose qui sorte de l'ordinaire et les voici transformés. Ce n'est plus seulement le repas, mais « la fête ».

INTRODUCTION

Les loisirs, ce sont aussi les grandes vacances. C'est-à-dire pour vous, si vous n'y prenez pas garde, encore la vie de tous les jours, avec tablées plus nombreuses ! Pour que le loisir des autres ne devienne pas pour vous un « antiloisirs », j'ai donné des suggestions rendant vos tâches plus légères, plus gaies, plus amusantes.

Une majorité des recettes de ce livre a été sélectionnée et mise au point pour vous aider également dans les loisirs « à la maison », y compris les invitations en semaine que l'on peut mettre sous le signe du dépaysement.

Toutefois, à cette époque de voyages, de sports, de vie en plein air, de retour à la nature, j'ai surtout pensé à la cuisine « hors » de la cuisine, avec des produits et des instruments différents pour un résultat différent. Vous changez de cadre, changez aussi de sensations afin que l'évasion soit complète.

Ayant pratiqué largement, pour ma part, la cuisine de plein air : pique-nique, camping, croisière, barbecue, et même repas-voiture (à quelque distance de la route...), j'ai tenu compte des difficultés inhérentes à ces situations un peu exceptionnelles où, si l'on ne peut plus compter sur les commodités du foyer (ni toujours sur ses propres réflexes), l'indulgence des convives, ravis d'un dépaysement de bon aloi, vous est toujours acquise !

Françoise Bernard

RÉCOLTE 1990
TOURAINE
ROSÉ

LE BARBECUE

La mode du barbecue nous vient d'outre-Atlantique. C'est vrai. Mais l'usage de la broche et du gril posés près des braises n'est pas une nouveauté chez nous. Il y a belle lurette que les aubergistes français ont commencé de gratifier leurs hôtes de ces grillades et rôtis à la croûte craquante qui font le succès du barbecue tel qu'on le pratique de nos jours dans les résidences secondaires !

L'Afrique du Nord, elle aussi, en fait remonter la tradition au plus lointain des âges. Le méchoui est-il rien d'autre qu'un mouton cuit en plein air, au barbecue ? C'est une cuisson savante, je vous l'accorde, et que je ne vous engage pas à entreprendre sans expérience. Votre objectif serait tout à fait manqué. Laissons ce travail délicat et long à un véritable spécialiste !

Contentons-nous de rôtir et griller brochettes et petites pièces qui, nous assurant la réussite, nous permettent d'apprécier, sans trop se faire de soucis, les charmes de cette cuisine odorante et crépitante, symbole du retour à la nature !

Mais attention, retour à la nature ne signifie pas simplification du travail car chacun va vouloir jouer au petit trappeur, l'un cuisant sa brochette, l'autre arrosant le rôti ou soufflant sur le feu. Tant mieux, qu'ils s'amusent ! Mais vous risquez la pagaille. Et vous apprendrez, à vos dépens, que plus les loisirs sont dits libres et même sauvages, plus, en notre société policée, ils doivent être organisés à l'avance.

C'est à cette condition que votre réception — sans façon — se déroulera harmonieusement, comme tout ce qui paraît couler de source !

N'oubliez pas que vous êtes la responsable, organisatrice et animatrice, de cette bienheureuse partie de campagne. Et n'oubliez pas de conserver votre calme et votre joie de vivre jusqu'au moment où toutes les braises du barbecue seront consumées.

Les conseils, trucs et suggestions qui suivent vous y aideront.

1. Le matériel

Charbon de bois

Faites provision d'une bonne quantité de charbon de bois avant d'entreprendre le barbecue. Sinon, faute de munitions...

Pour l'allumer, pas d'essence mais de l'alcool à brûler dont on asperge la surface. Mieux : du charbon de bois imprégné, des pastilles de Meta, etc.

Choix du barbecue

La gamme en est très variée. À chacun de choisir selon ses moyens et surtout selon ses besoins.

- Un appareil luxueux et sophistiqué ne vous apportera pas, à l'usage, de grandes satisfactions puisque, avec le barbecue, c'est, bien sûr, l'efficacité que vous recherchez, mais aussi et surtout la simplicité.
- Un appareil trop petit vous décevra aussi — à moins d'en acheter plusieurs — car les braises se consument vite en plein air, risquant fort de vous laisser en panne de cuisson.
- Un barbecue efficace est large et robuste.
- La position de sa grille peut varier en hauteur afin que les aliments puissent être plus ou moins rapprochés des braises, selon leur épaisseur et la cuisson désirée.
- Une broche est un accessoire complémentaire utile, mais pas indispensable pour les débutants.

Desserte

Sur une grande table ou, mieux, sur deux petites, disposez à l'avance tous les éléments, en séparant ce qui est nécessaire : 1) à la cuisson,
2) à la dégustation.

1. Sur la table de cuisson :

— aliments à griller (viandes, poissons, légumes), à assembler en brochettes et les brochettes elles-mêmes ;
— bols de marinade, huile, eau et pinceaux ou cuillers ;
— herbes aromatiques, épices, sel, poivre ;
— une ou deux planches à découper, grand et petit couteaux, fourchettes à longues dents ;
— mouflettes ou gants antibrûlures, tabliers ;
— rouleaux de papier d'aluminium, de papier-torchon ;
— plats ou planches destinés à recevoir les aliments grillés.

2. Sur la table-dégustation :

— couverts (assiettes, verres ou gobelets, couverts, serviettes) à jeter au maximum ;
— boissons ;
— tout ce qui, dans le menu, est cru ou préparé à l'avance :
  - hors d'œuvre ou amuse-gueules,
  - salades,
  - plateau de fromages (sous cloche bien sûr),
  - desserts ;

— boules de pain campagnard ;
— sauces diverses, condiments, cornichons, moutardes, beurre ;
— moulin à poivre, jatte de gros sel.

Superluxe

Si votre barbecue est muni d'une broche électrique ou s'il est fixe, construit spacieusement pour votre maison de campagne, d'autres possibilités culinaires, gastronomiques même, vous sont tout spécialement réservées.
Reportez-vous alors aux conseils donnés au chapitre « Coin du feu », p.194, la cheminée étant, en plus confortable, le barbecue d'hiver.

2. La préparation et l'organisation

Amuse-gueules

À peine le feu vient-il d'être allumé que les affamés rôdent autour.
Même si les braises ne sont pas encore à point, faites griller rapidement ce qu'on nomme, à juste titre, des « amuse-gueules », et laissez-en la responsabilité aux amis :

— merguez ;
— brochettes-cocktail, où seront intercalés, au choix, petites saucisses-cocktail, morceaux de merguez, chorizo, andouillette, boudin et même ananas. Cubes de pain frottés à l'ail et beurrés, dés de gruyère ;
— pruneaux au bacon : pruneaux dénoyautés, puis entourés d'une fine lamelle de bacon, embrochés sur de courtes brochettes.

Servez à boire (voir les recettes du chapitre « Boissons » p. 262).
Complétez éventuellement avec des chips ou des gâteaux salés, des amandes grillées, des pizzas, des olives...

Épices et aromates

(Voir aussi p. 282)

Si le chef rôtisseur est le roi d'un barbecue réussi, épices et aromates en sont les « faire-valoir » :

— saupoudrez-en les aliments avant et pendant leur cuisson sur le gril ;
— jetez des branchettes aromatiques (thym, laurier, sarriette, romarin, sauge, menthe, etc.) directement dans le feu, en fin de cuisson, pour parfumer l'atmosphère et mettre l'eau à la bouche ;
— incorporez-les judicieusement aux marinades.

Reportez-vous au terme marinades des «Trucs et recettes minute » p. 16 et également au chapitre « Épices, condiments et herbes aromatiques », p. 282.

Feu à point

Approchez la main à même distance des braises que sera la pièce à griller. Comptez lentement : ... Et d'1... et de 2... et de 3... jusqu'à ce que vous soyez obligé de retirer la main parce que cela vous brûle !

« Et d'1 »	signifie	très très chaud,
« et de 2 »	—	très chaud,
« et de 3 »	—	chaud,
« et de 4 »	—	assez chaud,
« et de 5 »	—	chaleur faible.

Menus

Tout le repas ne peut être cuit au barbecue. Exception faite pour quelques « amuse-gueules » (voir plus haut), vous y ferez cuire seulement l'élément principal du repas : viande, volaille, poisson, brochettes...

Si la grille du barbecue est assez longue ou si les braises sont suffisamment rouges, vous pouvez aussi y cuire certains légumes d'accompagnement (voir « Légumes sur barbecue », p. 14). Sinon, pas de plats chauds à préparer à part, cela gâcherait l'ambiance détendue du barbecue. Il vaut mieux recourir à des plats froids :

— salade verte ou composée, crudités assaisonnées ou panier de crudités, chips ; ou, comme dans les pays méditerranéens, un ravier d'oignons crus grossièrement hachés — c'est un repas de plein air ! — qui accompagneront parfaitement brochettes et viandes grillées (des oignons doux, de préférence).

Vide-ordures

Débarrassez-vous au fur et à mesure des multiples déchets : serviettes en papier, gobelets en carton, papier d'aluminium, noyaux, os, cigarettes, etc. Un vaste récipient (vieux baril de lessive, cageot, carton...) fera office de vide-ordures. Ne l'oubliez pas sur place avant de quitter les lieux ! Mais ne le brûlez pas sur place non plus car un feu d'herbes est vite amorcé.

3. Temps de cuisson

Cuisson

— Attendez que le charbon ou le bois ne flambe plus et qu'il soit transformé en braises (une petite demi-heure), avant de faire cuire quoi que ce soit dessus.

— Déposez l'aliment à cuire sur le gril très chaud, sinon il attacherait.

— Une pièce mince est d'abord « saisie »

près du foyer, puis elle est éloignée s'il y a lieu de cuire davantage ou de faire attendre.

— Ne laissez pas les flammes lécher la viande. Si la graisse s'enflamme en tombant sur la braise, écartez la viande un instant. Étouffez la flamme avec un peu de cendre.
Remettez ensuite en cuisson.

— Une pièce épaisse est d'abord cuite lentement en profondeur, assez loin des braises, puis elle est rapprochée progressivement pour caraméliser en surface.

— Les viandes rouges et les poissons sont cuits à feu vif.

— Les viandes blanches sont « saisies » à feu vif, puis cuites plus doucement, éloignées des braises.

— Badigeonnez souvent pendant la cuisson avec de la marinade ou un peu d'eau, pour éviter le dessèchement de la viande. Utilisez un pinceau ou une cuiller à long manche.

— Toutes les viandes gagnent à reposer sur le côté du gril quelques minutes avant d'être découpées et servies.

— La viande qui marine s'attendrit. Elle peut mariner de quelques heures à une nuit entière.

— La marinade a aussi pour effet d'ajouter de l'arôme aux viandes et aux poissons.
Un marinage de 30 mn à 1 h suffit.

Légumes sur barbecue

Conseils et temps de cuisson

	Préparation	Cuisson	Temps approximatifs
POMMES DE TERRE	Entières : lavées, légèrement fendues, puis enveloppées dans du papier d'aluminium	Sur le gril	60 mn
		Ou directement sur la braise	de 30 à 45 mn
	En tranches épaisses : badigeonnées d'huile	Sur le gril	10 mn

Légumes sur barbecue (suite)

Conseils et temps de cuisson

	Préparation	Cuisson	Temps approximatifs
GROS OIGNONS	En rondelles épaisses	Sur le gril, pas trop près du foyer Badigeonnez d'huile, salez, poivrez pendant la cuisson	Juste dorés et croquants
	Farcis : creusés, emplis d'un hachis d'herbes aromatiques, de viande cuite, sel, poivre et enveloppés de papier d'aluminium	Directement sur la braise	30 mn
TOMATES	Moyennes : entières Grosses : coupées en 2 (partie coupée d'abord)	Sur tôle huilée ou papier d'aluminium, pas trop près des braises	15 à 20 mn
COURGETTES AUBERGINES	Non épluchées. Coupées en tranches de 1/2 cm dans la longueur, puis farinées, salées et poivrées	Sur tôle huilée posée directement sur la braise Retournez à mi-cuisson	15 à 20 mn
CHAMPIGNONS	Base du pied coupée Lavés	Sur gril. Pas trop près du feu. Badigeonnez d'huile	15 à 20 mn

4. Trucs et recettes minute

Marinades

Les marinades peuvent être utilisées :

— pour parfumer viande ou poisson en les laissant macérer dedans de 30 mn à 1 h ;

— pour attendrir viande ou poisson en les faisant mariner de quelques heures à une nuit entière, selon les besoins ;

— ou pour éviter le dessèchement, en badigeonnant ou en arrosant de marinade, plusieurs fois, tout au long de la cuisson.

Voici 4 formules de marinades

- **Pour toutes viandes et poissons :**

  1. Aux herbes :
  2 cuil. d'huile, poivre, petit piment, herbes variées (laurier, thym, romarin, serpolet, etc.).

  2. Au citron :
  2 cuil. d'huile, jus d'1 ou 2 citrons, zeste, thym séché, feuille de laurier, poivre.

- **Spécial mouton, porc, veau, poulet :**

  3. Simplette :
  pour une tasse : 1/3 de vinaigre, 1/3 de jus de citron, 1/3 d'huile, sel, poivre.

- **Spécial bœuf et porc :**

  4. Chimichurri argentin (seulement pour badigeonner en cours de cuisson) :
  1/4 l d'eau, 1 cuil. à soupe de gros sel, 2 cuil. de petits piments forts, 1/2 cuil. à soupe d'origan séché, romarin, thym, 1 oignon haché, 1 gousse d'ail pilée, 1 feuille de laurier, 1 cuil. à soupe de vinaigre et 1 cuil. 1/2 d'huile.

Laissez au moins 1 jour au soleil, dans une bouteille non hermétiquement bouchée, avant d'utiliser.

Formule de glaçage pour pièces de viande laquée (côte de bœuf, steaks, côtes et travers de porc, poulet et tranches épaisses de jambon)

Le glaçage est proche de la marinade par sa composition, mais son but est un peu différent : appliqué en fin de cuisson seulement, le glaçage sert à renforcer le brillant et la couleur des pièces grillées, leur donnant plus d'attrait encore.
Il faut : 1 cuil. à soupe de miel liquide, 2 cuil. à soupe de jus de citron, 4 clous de girofle finement écrasés, 1 cuil. à café de sauce soja.

Mélangez tous les ingrédients.
Badigeonnez-en la viande à l'aide d'un pinceau, pendant le dernier quart d'heure de cuisson. Étalée plus tôt, cette pellicule sucrée risquerait de caraméliser trop vite et de brûler.

Moules sur la braise

Disposez sur le gril de grosses moules (Bouzigue ou Espagne). Parsemez la braise de fenouil.
Sachez que les moules sont cuites dès qu'elles s'ouvrent.
Cuites plus longtemps, elles durcissent (les gros « **Vernis** » cuisent exactement de la même façon).

Un conseil : n'en mettez pas trop à la fois sur le gril.
De plus petites moules seront enfermées en nombre dans du papier d'aluminium et cuiront ainsi sur le gril sans risquer de passer au travers.

Pieds panés

Les pieds panés grillés au barbecue offrent bien des avantages :
— pas de préparation : ils sont vendus tout cuits ; on les réchauffe plutôt qu'on ne les cuit ;
— ils grillent et dorent bien grâce à la panure qui les enrobe ;
— ils ne demandent qu'un accompagnement minimum : chips (ou frites) et moutarde forte ;
— on peut les manger avec les doigts, sans complexe ;
— ils ne coûtent pas cher !

Sardines grillées

Essuyez-les simplement sans les écailler. Il est inutile de les huiler. En effet, les sardines font partie des poissons gras ; mettez-les telles quelles, directement sur le gril chaud ou sur un papier d'aluminium. Servez avec : pain, beurre salé, citron et vin blanc sec.

Sauces

La plupart des sauces à fondue bourguignonne sont également indiquées pour le barbecue (voir recettes p. 213).

Saucisses, andouillettes, boudins...

Afin qu'ils n'éclatent pas au-dessus des braises, ne les piquez surtout pas.
Trempez-les dans l'eau froide juste avant de les déposer sur le gril chaud.

Steaks à la demande

Steak bleu : sa croûte est marron clair, très souple sous le doigt.
Steak saignant : sa croûte est également marron clair, mais plus résistante ; le sang perle à la surface.
Steak à point et bien cuit : sa croûte est foncée et un peu dure.

Suggestion de plats

Le barbecue évoque les brochettes, les poissons, le poulet, les steaks grillés, les andouillettes, les saucisses, etc. Mais innovez un peu. Essayez également les moules sur la braise ou les pruneaux au bacon déjà indiqués dans les pages précédentes, ou d'autres nombreuses recettes données dans ce chapitre.

Par exemple : chachlik, chiche-kebab, mixed grill, spareribs grillés, tendron de veau à la grecque... et j'en passe.

BAKED POTATOES
(pommes de terre en papillotes)

Pour 4, il faut :
4 grosses
pommes de terre,
sel, poivre.

Sauce (a) :
1 tasse
de crème fraîche,
ciboulette hachée,
1 cuil. à café
de raifort râpé.

Sauce (b) :
1 tasse
de gruyère râpé,
30 g de beurre fondu,
1/2 tasse
de crème fraîche,
1 ou 2 oignons crus
finement hachés,
sel, poivre.

Préparation et cuisson : 1 h 15

1. Lavez et brossez les pommes de terre. Déposez chacune sur une feuille d'aluminium assez grande. Salez, poivrez. Tordez à chaque extrémité de la feuille pour enfermer la pomme de terre hermétiquement.
2. Mettez à cuire à four chaud (th. 6-7) pendant 1 h environ ou sur barbecue.
3. Au moment de servir, fendez en 2 les pommes de terre, toujours entortillées de papier. Présentez dans une saucière, la sauce de votre choix, (a) ou (b).

Variante
Avant d'envelopper la pomme de terre, je la fends parfois en deux et j'y glisse deux demi-gousses d'ail. Je referme et je cuis. Excellent ! Mais dans ce cas, ne présentez pas de raifort qui s'associe mal avec l'ail.

Notes
Sur barbecue : les pommes de terre enveloppées d'aluminium sont mises sur le gril pour y cuire doucement pendant 1 h. Ou posées directement sur la braise, en 40 mn seulement. Dans ce cas, enveloppez-les de 2 épaisseurs d'aluminium pour qu'elles ne brûlent pas en surface.

En autocuiseur : les pommes de terre, préparées et enveloppées d'aluminium comme dans la recette, sont déposées dans l'autocuiseur et cuites à la vapeur, au-dessus d'un peu d'eau. (Une petite quantité d'eau est indispensable pour la mise sous pression.) Comptez 12 à 15 mn de cuisson.

Barbecue
Bateau
Camping-Caravaning
Coin du feu

BANANES ET POMMES EN PAPILLOTES

Pour 4, il faut :
4 pommes,
4 bananes.

Préparation et cuisson : de 15 à 45 mn

1. Lavez les pommes et les bananes. Ne les pelez pas. Empapillotez-les dans des carrés d'aluminium. Placez-les sur la grille du barbecue ou directement sur les braises moyennement chaudes. Le temps de cuisson peut varier selon la variété et le degré de maturité des fruits :
— de 15 à 25 mn pour les bananes,
— de 30 à 45 mn pour les pommes.
2. Servez les fruits tels quels dans leur papillote, sans les sucrer : ils peuvent accompagner des viandes grillées particulièrement épicées.
Si vous les sucrez, vous les baptiserez « dessert ».

Truc
Pour des pommes destinées au dessert, creusez-les avant de les enfermer dans la papillote, emplissez-les de sucre, calvados ou autre alcool et noix de beurre.

PLAT PRINCIPAL

BOULETTES GRILLÉES LIBANAISES

Pour 6, il faut :
800 g de beefsteak haché extrêmement fin,
1 ou 2 gros oignons,
persil,
un peu d'huile,
cumin,
sel, poivre.

6 brochettes.

Préparation et cuisson : 20 mn

1. Coupez l'oignon en morceaux et hachez-le très finement ainsi que le persil.
2. Pétrissez les hachis de viande, d'oignon et de persil, sel et poivre, avec la main : c'est indispensable pour que les boulettes tiennent bien sur les brochettes. Formez 24 boulettes rondes, bien compactes, de la grosseur d'une noix. Embrochez-en 4 par brochette. Badigeonnez-les légèrement d'huile. Parsemez-les de cumin (cumin arabe, de préférence) et faites-les cuire quelques minutes sur le gril à feu vif. Retournez à mi-cuisson. Présentez-les avec du couscous nature et de gros oignons crus hachés pour la couleur locale.

Truc
Des boulettes hachées qui ne se détachent pas des brochettes : la viande est hachée si finement qu'elle devient une pulpe compacte. On obtient ce résultat très facilement avec une moulinette électrique ou un mixer.

Barbecue
Coin du feu

BROCHETTES DE BŒUF À LA ZINGARA

Pour 4, il faut :
700 g de filet,
1 citron,
laurier,
sel, poivre.

Marinade :
huile,
2 cuil. à café de paprika,
thym.

4 brochettes.

Préparation et cuisson : 20 mn
+ marinade : 1 h

1. Coupez la viande en cubes assez réguliers de 2 à 3 cm. Saupoudrez-les de paprika et de feuilles de thym cassées en petits morceaux. Arrosez d'un peu d'huile. Laissez mariner, couvert, ou enveloppé d'aluminium, pendant 1 h environ. Pelez très légèrement un citron pour n'en détacher que la fine peau jaune (zeste). Coupez-la en morceaux d'1/2 cm.
2. Sur chaque brochette, piquez en alternant : morceaux de laurier, viande, zeste de citron, etc. Terminez avec du laurier. Salez et poivrez. Faites griller 4 ou 5 mn, très près du grilloir ou assez près des braises.

Truc
Embrochez les cubes de viande un bon moment avant l'arrivée des invités et mettez-les, bien enveloppés, au réfrigérateur. Cela vous fera gagner du temps.

Barbecue
Coin du feu

BROCHETTES DE COQUILLES SAINT-JACQUES AU LARD

Pour 4, il faut :
16 coquilles fraîches ou surgelées,
12 très fines bandes de lard de poitrine (non fumé).

Marinade :
2 cuil. d'huile,
petit piment,
herbes variées (laurier, thym, romarin, serpolet, etc.),
poivre.

Autre marinade :
Voir p. 16.

4 brochettes.

Préparation et cuisson : 30 mn
+ marinade : 1 h

1. Nettoyez les coquilles. Faites-les mariner 1 h.
2. Enveloppez 1 coquille sur 2 avec une fine barde de lard. Transpercez à l'endroit où les extrémités de la bande se superposent pour maintenir coquille et corail à l'intérieur. Enfilez successivement sur la brochette, en les intercalant, les coquilles enveloppées de lard et les coquilles nues.
3. Faites griller une dizaine de minutes pas trop près des braises (ou du grilloir). Retournez plusieurs fois les brochettes. Badigeonnez de marinade à plusieurs reprises pendant la cuisson. Servez avec quartiers de citron, du riz nature ou des pâtes.

Variante

Les coquilles surgelées conviennent pour cette recette, après les avoir laissé dégeler complètement. Des langoustines non décortiquées peuvent être intercalées.
À défaut de coquilles, des morceaux de lotte, ou des joues de lotte, peuvent être utilisés de la même manière, ceinturés d'une fine bande de lard de poitrine.

Barbecue
Coin du feu

PLAT PRINCIPAL

BROCHETTES DE FOIE D'AGNEAU À LA MAROCAINE

Pour 4, il faut :
1 morceau épais de foie d'agneau (500 g),
30 g de beurre,
farine,
3 pincées de cumin arabe,
1 ou 2 pincées de poivre de Cayenne,
sel.

1 grand morceau de crépine (ou toilette, elle est vendue chez le charcutier ou le tripier.)

4 brochettes.

Préparation et cuisson : 30 mn

1. Farinez légèrement le morceau de foie. Saisissez-le de toutes parts, à la poêle, dans le beurre chaud, sans le cuire complètement.
2. Coupez-le ensuite en petits carrés de 2 cm. Saupoudrez de cumin arabe, de poivre de Cayenne et de sel. Mélangez.
3. Taillez des bandes dans la crépine pour en envelopper chaque carré de foie. Embrochez-les sur 4 brochettes en métal. Faites cuire sous le grilloir bien chaud (le plus près possible) ou sur barbecue, 6 à 8 mn. Retournez à mi-cuisson.

Truc
De la crépine qui se déplie facilement sans se déchirer : elle est d'abord mise à tremper quelques instants dans de l'eau tiède et se déplie ensuite sans difficulté.

Barbecue
Coin du feu

BROCHETTES DE POISSON SURGELÉ

Pour 4, il faut :
8 steaks de poisson pané surgelé,
8 très fines tranches de lard de poitrine,
1 citron,
ketchup,
thym,
poivre.

4 brochettes.

Préparation et cuisson : 15 mn

1. Coupez les steaks en gros dés. Saupoudrez-les de poivre et de thym. Ceinturez-les d'une tranche de lard qui les enferme bien. Embrochez. Laissez cuire sur le gril chaud ou sur barbecue, à feu moyen, 3 ou 4 mn de chaque côté.
2. Servez avec quartiers de citron, ketchup et salade verte.

Barbecue
Coin du feu

PLAT PRINCIPAL

BROCHETTES DE PORC À L'ANANAS

Pour 4, il faut :
3 tranches d'ananas
(frais ou en boîte),
1 rognon de porc,
4 chipolatas,
400 g d'échine de porc,
200 g de lard
de poitrine,
4 feuilles de laurier,
paprika, muscade,
huile,
sel, poivre.

4 brochettes.

Préparation et cuisson : 45 mn

1. Coupez les tranches d'ananas ainsi que les différentes viandes en gros dés, et les chipolatas en 4 morceaux.
2. Embrochez tous ces éléments en les alternant. Intercalez un morceau de laurier de temps en temps. Enduisez les brochettes d'huile. Faites cuire sur un gril de contact à feu assez doux, (ou sur un barbecue pas trop près des braises) 20 mn environ. Retournez plusieurs fois.
En fin de cuisson, assaisonnez avec sel, poivre, muscade râpée et paprika.

Truc
Des brochettes non calcinées : c'est au-dessus des braises incandescentes qu'elles doivent cuire. Et jamais sur le charbon de bois encore enflammé, qui brûle la surface de la viande avant de la cuire « à cœur ».

Barbecue
Brunch-Buffet
Coin du feu

PLAT PRINCIPAL

BROCHETTES DE ROGNONS DES CAUSSES

Pour 4, il faut :
4 rognons de mouton
(ou 2 rognons de porc),
4 très gros
champignons de Paris,
100 g de lard
de poitrine fumé,
4 petites chipolatas,
huile,
sel, poivre.

Garniture :
100 g de roquefort,
1 noix de beurre,
poivre.

4 brochettes.

Préparation et cuisson : 30 mn

1. Ouvrez les rognons de mouton en 2 (ou coupez les rognons de porc en dés).
2. Ôtez le pied sableux des champignons, sans les éplucher. Lavez-les. Coupez-les en 4.
3. Enfilez successivement sur chaque brochette : rognon, champignon, lard fumé, chipolata. Badigeonnez d'huile avant de faire cuire sur le gril chaud, ou sur barbecue, de 10 à 15 mn. Retournez à mi-cuisson.
4. Écrasez le roquefort à la moulinette. Faites juste fondre sur feu doux en mélangeant avec une noix de beurre. Poivrez généreusement. Étalez sur les brochettes en servant.

Barbecue
Coin du feu

CHACHLIK À LA VODKA
(brochettes)

Pour 4, il faut :
400 g d'épaule de mouton,
4 rognons de mouton,
laurier,
sel, poivre.

Marinade :
3 cuil. à soupe d'huile,
jus d'1/2 citron,
3 cuil. à soupe de vodka,
thym, laurier,
sel, poivre.

4 brochettes.

Préparation et cuisson : 30 mn
+ marinade : 2 h

1. Retirez la pellicule qui entoure les rognons. Coupez-les en 4. Éliminez nerfs et déchets qui se trouvent à l'intérieur. Coupez l'épaule de mouton en gros cubes. Parsemez de laurier sec émietté.
2. Marinade : mettez à macérer l'épaule et les rognons avec tous les éléments de la marinade, pendant 2 h.
3. Enfilez sur des brochettes, en alternant épaule et rognons. Salez, poivrez. Faites cuire sur le gril en retournant sur toutes les faces, 12 mn environ. Présentez avec du riz nature ou pilaf. Ou encore avec du couscous nature, vendu tout préparé, en boîte ou surgelé.

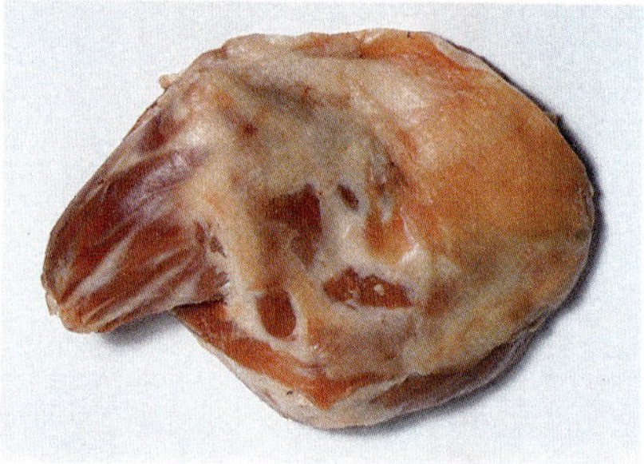

Truc
Des chachlik « dans le vent » : arrosez vos chachlik de vodka bouillante et faites flamber à table devant vos invités.

Barbecue
Coin du feu

CHICHE-KEBAB
(brochettes)

Pour 4, il faut :
500 g d'épaule de mouton,
2 poivrons,
2 tomates,
10 petits oignons doux,
feuilles de laurier.

Marinade :
1/4 l de lait,
2 cuil. à soupe d'huile,
4 pincées d'origan,
sel, poivre.

4 brochettes.

Préparation et cuisson : 25 mn
+ marinade : quelques heures

1. Quelques heures à l'avance, coupez la viande en gros dés. Saupoudrez-les d'origan, de sel, de poivre et laissez-les mariner dans le mélange lait et huile.
2. Enfilez les morceaux sur des brochettes avec, entre chacun, 1 dé de poivron, 1 quartier de tomate, 1 oignon, 1/2 feuille de laurier.
3. Placez ces brochettes sur le gril bien chaud. Laissez griller une dizaine de minutes assez près des braises chaudes ou du grilloir. Retournez à mi-cuisson. Badigeonnez de marinade plusieurs fois. Servez avec du riz ou du couscous nature (en boîte).

Barbecue
Coin du feu

COQUELETS GRILLÉS

Pour 4, il faut :
2 petits poulets
coupés en deux,
(de 800 g à 1 kg chacun).

Marinade « simplette » :
(1 tasse)
1/3 de vinaigre,
1/3 de jus de citron,
1/3 d'huile,
sel, poivre.

Préparation et cuisson : 35 mn
+ marinade : 1 h

1. Badigeonnez entièrement les poulets de marinade. Laissez-les enveloppés hermétiquement dans une feuille d'aluminium, pendant la mise en route du barbecue.
2. Déposez les demi-poulets bien aplatis sur le gril, d'abord très près du feu, 2 ou 3 mn de chaque côté, pour les saisir. Puis éloignez-les ensuite des braises pour les laisser cuire plus doucement, de 20 à 30 mn. Retournez plusieurs fois et badigeonnez de marinade. Présentez avec chips et salade verte.

Truc
Du poulet grillé non desséché : il cuit un peu éloigné des braises. S'il a pris un petit coup de feu brutal, enveloppez-le de papier d'aluminium et remettez-le sur le gril où il finira de cuire en douceur.

Barbecue
Coin du feu

PLAT PRINCIPAL

CÔTE DE BŒUF SUR BRAISES

Pour 4, il faut :
1 côte de bœuf
de 1,600 kg environ,
thym, laurier,
romarin,
huile,
sel, poivre.

Préparation et cuisson : 30 mn
+ 1 h à l'avance

1. 1 h à l'avance, enduisez la viande d'huile et d'aromates divers (romarin, thym, laurier émietté). Laissez-la reposer enveloppée d'une feuille d'aluminium.

2. Cuisson : déposez la viande sur le gril très chaud, à 15 ou 20 cm au-dessus des braises. Lorsqu'elle est dorée, retournez-la. Mettez-la ensuite sur la tranche. Au besoin, maintenez-la verticale. Remettez la côte dorée à plat sur le gril, un peu en retrait des braises, pour terminer la cuisson en profondeur. Badigeonnez-la d'un peu d'eau ou de marinade plusieurs fois. Comptez environ 10 mn de cuisson par livre de viande. Mais pour une très grosse pièce de 2 kg et plus, il est indispensable de laisser reposer la viande, pas trop près des braises, 15 mn au moins, pour qu'elle chauffe à cœur.

3. Découpage simple : détachez toute la viande de l'os. Puis découpez-la en tranches verticales comme dans un rôti.

Servez avec des pommes de terre cuites dans la braise.

Truc

Pour savoir si la côte de bœuf est cuite à point : touchez-la du doigt. Si la surface est couverte d'une mince croûte brune, assez résistante sous la pression du doigt mais élastique tout de même, c'est bon signe ! Essayez aussi de glisser le doigt entre l'os et la chair, celle-ci doit être brûlante. La côte de bœuf est à point.

Barbecue
Coin du feu

PLAT PRINCIPAL

CÔTES DE PORC À LA SAUGE

Pour 4, il faut :
4 côtes de porc épaisses,
40 g de beurre,
4 lamelles de gruyère,
4 feuilles de sauge,
sel, poivre.

Préparation et cuisson : 30 mn

1. Fendez les côtes jusqu'à l'os, dans le sens de l'épaisseur. Glissez à l'intérieur une lamelle de gruyère et une feuille de sauge. Refermez en pressant les deux côtés ensemble. Le tout se ressoudera pendant la cuisson.
2. Faites chauffer 40 g de beurre dans une grande poêle. Mettez les côtes à cuire dedans, sur feu moyen, 7 à 8 mn de chaque côté. Salez, poivrez. Couvrez 5 mn avant la fin de la cuisson pour conserver la viande moelleuse.
Servez avec des pâtes arrosées du jus de la viande.

Variantes
En dehors de la saison, vous pouvez utiliser, à la place de sauge fraîche, de la sauge en poudre ou toute autre herbe aromatique. Mais le résultat sera moins fin.

Cuisson des côtes de porc en barbecue : procédez comme pour la côte de bœuf sur braises en laissant macérer un moment la viande badigeonnée d'huile avec des herbes ou avec la marinade de votre choix (voir recettes, p. 16). Faites cuire ensuite, pas trop près des braises afin de ne pas dessécher le porc qui nécessite une cuisson douce.
Le temps de cuisson est également de 7 à 8 mn sur chaque face.

Barbecue
Camping-Caravaning
Coin du feu

PLAT PRINCIPAL

GAMBAS GRILLÉES SAUCE ROUGE

Pour 4, il faut :
16 ou 28 gambas, fraîches ou surgelées (selon grosseur),
huile,
thym,
laurier,
sel, poivre.

Sauce rouge :
4 tomates mûres, pelées et coupées,
2 gousses d'ail hachées,
3 cuil. à soupe d'huile d'olive,
3 cuil. à café de harissa,
1 citron, persil,
sel.

Préparation et cuisson : 35 mn

1. Badigeonnez les gambas du mélange suivant : huile, thym effeuillé, feuilles de laurier émiettées, sel, poivre.
2. Sauce rouge : faites revenir à feu vif les tomates en morceaux avec l'huile et l'ail haché. Puis ajoutez-y la harissa, le jus de citron et le sel. Laissez mijoter sur feu doux une quinzaine de minutes, pour laisser épaissir.
3. Grillez les gambas sur le barbecue, assez près des braises très rouges. Retournez-les à plusieurs reprises en surveillant la cuisson pour ne pas laisser dessécher.
4. Présentez-les sur des assiettes chaudes avec la sauce rouge et du riz nature cuit à part.

Variante
Les gambas peuvent également être rissolées dans une grande poêle, sur feu très vif. Mais cette cuisson — par ailleurs excellente — étant plutôt « odorante », il est souhaitable de la réserver à la cuisine de vacances, toutes portes ouvertes !

Barbecue
Camping-Caravaning
Coin du feu

HOT DOGS EN BARBECUE

Par personne, il faut :
2 saucisses de Francfort,
1 très fine tranche de lard de poitrine,
2 tranches de gruyère minces et étroites de la longueur des saucisses.

2 piques de bois.

Préparation et cuisson : 25 mn

1. Fendez les Francfort dans la longueur sans les séparer complètement. À l'intérieur, glissez du gruyère. Enroulez autour 1/2 tranche de lard maintenue par une pique de bois.
2. Déposez les « dogs » sur le gril, sur le côté non fendu. Ne les retournez pas pendant la cuisson. Quand le gruyère commence à fondre (au bout de quelques minutes) les « dogs » sont à point. Servez-les très chauds avec : chips, tomates crues, feuilles de salade verte non assaisonnée. Pour relever le goût, présentez : moutarde, ketchup et cornichons.

Variantes

Des cervelas (genre Francfort, en beaucoup plus épais et plus court) peuvent être préparés de la même façon. La cuisson est à peine plus longue.

Cette cuisson peut se faire sous le grilloir du four.

Barbecue
Coin du feu

MIXED GRILL

Pour 4, il faut :
4 côtelettes d'agneau,
1 tranche de foie de 125 g,
4 chipolatas,
4 tranches de lard fumé,
4 rognons d'agneau,
4 têtes de champignons,
4 petites tomates,
1 citron,
huile,
sel, poivre.

Cresson,
pommes chips.

1 brochette.

Préparation et cuisson : 30 mn

1. Ouvrez les rognons. Enfilez-les sur une brochette, ainsi maintenus à plat ils cuiront plus facilement sinon ils auraient tendance à se refermer. Coupez la tranche de foie en 4. Badigeonnez d'huile tous les éléments. Déposez-les sur le gril très chaud. Faites cuire de 2 à 3 mn de chaque côté assez près des braises.
2. Déposez un assortiment de viandes, 1 tomate et 1 champignon dans chaque assiette. Salez, poivrez. Présentez avec quartiers de citron, cresson et pommes chips.

Variante
Le mixed grill peut être aussi cuit sur un gril de contact en fonte... ce qui permet d'en préparer toute l'année.

Truc
Des saucisses qui n'éclatent pas au-dessus des braises : trempez-les dans l'eau froide juste avant de les déposer sur le gril chaud. Et ne les piquez surtout pas.

ENTRÉE FROIDE

POIVRONS GRILLÉS À L'HUILE

Pour 4, il faut :
500 g de gros poivrons doux, rouges ou verts,
2 ou 3 gousses d'ail,
2 ou 3 citrons,
4 ou 5 cuil. à soupe d'huile d'olive,
1 cuil. à café rase de cumin en poudre,
sel.

Préparation et cuisson : 30 mn
+ plusieurs heures au réfrigérateur

1. Allumez le grilloir du four ou faites chauffer les braises du barbecue.
2. Ouvrez les poivrons, épépinez-les.
3. Faites-les griller 5 mn très près de la source de chaleur en les retournant souvent. Retirez-les du feu quand ils sont grillés et cloqués. Laissez-les tiédir avant d'ôter la fine pellicule avec un couteau pointu. Coupez-les en lanières. Mettez-les dans un saladier.
4. Faites griller les gousses d'ail avec leur peau. Puis pelez-les et pilez-les. Incorporez-y le jus d'un citron et l'huile. Versez sur les poivrons.
5. Pelez le citron restant à vif (très près de la pulpe). Coupez-le en fines rondelles. Étalez-les sur les poivrons. Ajoutez sel et cumin. Mélangez. Laissez macérer plusieurs heures dans le réfrigérateur avant de servir.

Barbecue
Coin du feu

PORC LAQUÉ

Pour 8, il faut :
2,500 kg d'échine de porc ou de basses-côtes avec os et couenne,
un peu d'huile,
3 cuil. à soupe de sucre,
3 cuil. à soupe de miel liquide.

Marinade :
2 cuil. à soupe de cinq épices,
4 cuil. à soupe de sauce soja,
sel.

Préparation et cuisson : 2 h 15
+ marinade : 2 h

1. Marinage : 1 ou 2 h à l'avance, frottez la viande avec 4 cuil. à soupe de sauce soja, 2 cuil. à soupe de cinq épices et un peu de sel. Déposez-la dans un plat supportant le feu sur le côté couenne. Laissez macérer.
2. Cuisson : faites dorer la viande à la poêle, avec un peu d'huile. Remettez-la dans le plat, sur le côté couenne. Arrosez avec 1 verre d'eau. Laissez cuire près des braises de 30 à 40 mn. Retournez plusieurs fois la viande (couenne dessus) en la piquant profondément en maints endroits avec un couteau pointu.
3. Pendant ce temps, mélangez : 3 cuil. à soupe de sucre, 3 cuil. à soupe de miel et autant d'eau. Badigeonnez-en abondamment la viande, tous les quarts d'heure, ainsi qu'avec le jus de cuisson. Laissez cuire 1 h à 1 h 30 en éloignant des braises, sur la fin, pour ne pas laisser dessécher. Servez avec sauce et riz nature.

Variante
Le porc laqué peut être cuit dans le four moyen, puis plus doux, en procédant de la même façon que sur le barbecue.

Note
Le mélange destiné au laquage doit être très sucré — respectez les proportions — et appliqué très souvent sur toute la surface de la viande.

Barbecue
Coin du feu

POULET GRILLÉ AU CITRON VERT ET À L'ORANGE

Pour 4, il faut :
1 poulet de 1,400 kg environ,
un peu d'huile,
50 g de beurre,
sel, poivre.

Marinade :
jus d'1/2 orange,
jus d'1/2 citron vert,
1 petit oignon ou
1 échalote en rondelles,
1 cuil. à café d'huile,
quelques gouttes de Tabasco.

Préparation et cuisson : 1 h
+ marinade : la veille

1. La veille : aplatissez complètement le poulet après l'avoir ouvert par le dos à l'aide d'un grand couteau (c'est facile, mais vous pouvez demander au marchand de le faire à votre place). Mettez le poulet à mariner, bien à plat dans un large récipient avec le jus d'orange et de citron, rondelles d'oignon ou d'échalote, huile et Tabasco. Couvrez d'une feuille d'aluminium et laissez macérer au frais jusqu'au lendemain.
2. Cuisson : égouttez le poulet. Placez-le à plat (peau dessus) sur le gril. Enduisez-le d'huile. Placez-le à une certaine distance des braises pour le laisser cuire dans toute son épaisseur sans brûler la peau (40 mn environ). Arrosez souvent de marinade.
3. Le poulet étant cuit, mettez-le à plat sur la planche à découper. Coupez-le en 4. Répartissez sur les assiettes. Tenez au chaud.
4. Sauce : délayez sur feu doux le reste de marinade avec 2 cuil. à soupe d'eau, sel, poivre. Laissez bouillir fortement 2 ou 3 mn. Puis incorporez quelques noix de beurre et versez sur le poulet, dans les assiettes.

Variante
Ce poulet peut aussi être cuit sous le grilloir du four ou d'une rôtissoire.
Comptez 45 mn de cuisson environ.

Barbecue
Coin du feu

SAUCE BÉARNAISE

Pour 4, il faut :
2 échalotes,
estragon,
3 cuil. à soupe
de vinaigre de vin,
2 jaunes d'œufs,
2 cuil. à soupe d'eau,
100 g de beurre
très mou,
sel, poivre.

Préparation et cuisson : 30 mn

1. Hachez finement échalotes et feuilles d'estragon. Dans une petite casserole épaisse, faites-les bouillir très doucement avec le vinaigre jusqu'à évaporation complète du liquide, mais sans laisser roussir.
2. Hors du feu, ajoutez 2 cuil. à soupe d'eau froide, les jaunes d'œufs, le sel et le poivre. Reportez sur feu très doux ou au bain-marie. Fouettez vigoureusement avec un fouet à sauce ou un batteur électrique jusqu'à ce que le mélange épaississe et tienne aux branches. Veillez à ce que la casserole ne soit jamais assez chaude pour brûler la main.
3. Retirez du feu. Incorporez le beurre noix par noix, en fouettant sans cesse. Servez aussitôt ou maintenez dans un bain-marie juste tiède.

Notes

La sauce béarnaise ne peut se réchauffer sans tourner. S'il en reste, consommez-la froide, étalée, par exemple, sur des canapés ou sur des demi-œufs durs.

La sauce béarnaise accompagne :
— toutes les grillades, poissons grillés, frits et pochés au court-bouillon,
— les œufs durs et pochés,
— les fonds d'artichauts, etc.

Barbecue
Coin du feu

SAUCE TARTARE
(dérivée de la mayonnaise)

Pour 4, il faut :
1 cuil. à café de moutarde forte,
1 cuil. à soupe de cornichons hachés,
1 cuil. à café de câpres hachées,
1 cuil. à soupe de fines herbes hachées.

Mayonnaise :
(tous les éléments à la même température)
1 jaune d'œuf,
1/4 l d'huile,
1 cuil. à café de moutarde forte,
1 cuil. à café de vinaigre de vin,
sel, poivre.

Préparation : 10 mn

1. Mayonnaise : dans un bol, battez au fouet : jaune d'œuf, sel, poivre, moutarde jusqu'à ce que le mélange soit parfaitement homogène. Ajoutez-y l'huile presque goutte à goutte pour débuter. Quand la sauce commence à prendre un peu de consistance, versez l'huile plus abondamment. Tournez sans précipitation mais régulièrement pendant la durée de la préparation. Ajoutez 1 cuil. à café de vinaigre ou d'eau vers la fin pour la stabiliser.
2. Puis incorporez-y, avant de servir, 1 cuil. supplémentaire de moutarde forte, les hachis de cornichons, de câpres et de fines herbes.

Note
Parmi les amateurs de mayonnaise, vous trouverez les partisans de la fourchette, de la cuiller en bois, du batteur électrique ou, comme moi, du simple fouet à sauce. L'important est de la réussir, ce qui n'est pas très difficile avec un peu d'habitude.

Barbecue
Camping-Caravaning
Coin du feu

SPARERIBS GRILLÉS

Pour 4, il faut :
1,500 kg de travers de porc (haut de côtes) avec os.

Marinade :
1/2 cuil. à café rase de poivre de Cayenne,
1 gousse d'ail pilée,
6 cuil. à soupe d'huile,
1 cuil. à soupe de sucre cristallisé,
sel.

Préparation et cuisson : 1 h
+ marinade : 1 h

1. 1 h à l'avance, coupez la viande non désossée en 4 ou 8 morceaux. Enduisez-la de marinade et enfermez-la dans du papier d'aluminium pour qu'elle s'imprègne du parfum des aromates.
2. Faites griller la viande égouttée (hors de l'aluminium) dans le four moyen, ou pas trop près des braises de votre barbecue. Comptez 1 h de cuisson douce. Badigeonnez de marinade et retournez toutes les 10 mn. Vous pouvez servir tel quel avec de la moutarde, du ketchup ou une sauce spéciale barbecue vendue en flacon. Servez avec des pommes de terre cuites dans la braise telles quelles, ou enveloppées d'une feuille de papier d'aluminium (recettes p. 14 et 19).

Barbecue
Coin du feu

STEAKS DE JAMBON AUX ÉPICES

Pour 4, il faut :
2 tranches de jambon cuit très épaisses (1 cm d'épaisseur),
1 cuil. à café rase de cannelle,
1 cuil. à café rase de paprika,
quelques pincées de quatre-épices,
2 petits piments fort secs,
1 cuil. d'huile.

Préparation et cuisson : 10 mn
+ 30 mn à macérer au frais

1. Frottez le jambon d'épices et de piments secs émiettés. Enduisez-le d'huile. Enveloppez-le d'une feuille de papier d'aluminium et mettez-le à macérer un moment au frais.
2. Coupez les tranches en 2. Déposez-les sur le gril chaud au-dessus des braises. Faites griller 2 ou 3 mn de chaque côté.

Variante

Pour les personnes qui n'aiment pas la cuisine aigre-douce, les épices de cette recette peuvent être remplacées par du jus de citron et quelques pincées de sauge ou de basilic séché. Le jambon peut même être grillé nature, simplement enduit d'huile.

Note

Les steaks de jambon — parfois conditionnés en sachets plastique, sous vide — sont courants dans la cuisine anglo-saxonne. Ils peuvent être saisis à la poêle, légèrement dorés dans le beurre chaud.

TENDRON DE VEAU GRILLÉ À LA GRECQUE

Pour 4, il faut :
4 morceaux
de tendron bien charnu.

Marinade :
1/2 verre de vin blanc,
1/4 de verre d'huile,
jus d'1 citron,
1/2 citron,
quelques grains
de genièvre,
bouquet garni,
sel, poivre de Cayenne.

Préparation et cuisson : 30 mn
+ marinade : quelques heures

1. Marinade : dans une petite casserole, faites mijoter 5 mn : vin blanc, huile, grains de genièvre, 1/2 citron en rondelles, bouquet garni, sel et poivre de Cayenne. Hors du feu, ajoutez le jus d'1 citron.
2. Disposez les morceaux de tendron dans un plat creux. Versez la marinade dessus. Couvrez et laissez mariner pendant 2 h environ. Retournez la viande plusieurs fois.
3. Cuisson : faites griller assez lentement, pas trop près des braises, 30 mn environ. Retournez plusieurs fois et arrosez souvent avec la marinade en cours de cuisson. Servez avec du riz nature, des légumes grillés ou en ratatouille.

Variante
Préférez-vous le tendron en brochettes ? Coupez-le en gros cubes avant de le faire mariner. Embrochez-le et cuisez-le comme il est indiqué mais un peu moins longtemps.

Barbecue
Coin du feu

LE BATEAU

Les loisirs en bateau ne sont pas les mêmes pour tous. Ils dépendent du type de bateau (voilier ou moteur), de sa taille, de son port d'attache, de l'âge et de la forme de son équipage. Ils peuvent être mondains, familiaux, sportifs ou pépères, mais jamais paresseux car il y a toujours à faire sur un bateau, pour les femmes surtout.

Le plaisancier peut se rapprocher, dès qu'il s'agit de ravitaillement et de cuisine, soit du sportif campeur, soit du caravanier confortablement installé, soit encore du pique-niqueur et de l'utilisateur de barbecue lorsque, à l'heure du repas, il débarque dans une crique déserte.

Mais la vie à bord comporte aussi des particularités. Essayez tout spécialement de maîtriser le problème de l'alimentation de l'équipage — le moral peut en dépendre ... — et adaptez-vous aux difficultés qui peuvent surgir !

1. Le matériel

Autocuiseur

Il est indispensable. L'autocuiseur peut, sur un bateau, remplacer tous les autres ustensiles : cocotte ordinaire, casseroles, et même, à l'extrême limite, un four puisqu'on peut y rôtir un poulet.

Il permet de préparer rapidement des plats à cuisson lente car il raccourcit le temps de cuisson des deux tiers. En vacances, c'est précieux, non ?

Quel genre de cuisine pouvez-vous faire à bord, dans un autocuiseur ?

— Les plats mijotés, avec ou sans légumes.
— Les cuissons à la vapeur.
— Les sautés (viandes, pommes de terre, légumes verts, cuits avec matière grasse seulement).
— Les bouillons (pot-au-feu, poule au pot).
— Les rôtis, à condition de bien faire roussir la viande de toutes parts avant de fermer la cocotte (ils seront bien sûr, moins croustillants que dans un four).
— Les mets en papillotes de feuille d'aluminium. Avec un tout petit peu d'eau pour permettre la mise en pression de l'appareil. La cocotte restera propre, il suffira de l'essuyer une fois la cuisson terminée.
(Exemple : pommes de terre avec leur peau ou en rondelles, salées et poivrées, chaque portion étant enveloppée dans une feuille d'aluminium. Filets de poisson, poires, pommes fruits, etc.).
— Les légumes à l'étouffée, sans eau

ou presque (exemple : pommes de terre, artichauts, haricots verts).
— Certains entremets (crème renversée, riz au lait, pudding).
— Des fritures profondes, exceptionnellement à condition de ne pas couvrir l'ustensile (pommes frites, beignets).
— Et tout ce qui cuit à la poêle (omelette, œufs au plat exceptés) steaks, escalopes, saucisses, boudin, croque-monsieur... et j'en passe.

Bouilloire

Cet ustensile, stable, bien clos, avec un bec verseur efficace est précieux en cas de roulis. Il permet de faire chauffer de l'eau plus rapidement et avec plus de sécurité que dans une casserole. Et même, on peut y faire cuire des œufs durs sans risque de débordement !

Ustensiles de préparation

La liste doit être établie en fonction de vos besoins, de l'équipage, et surtout de la place, à bord. Faites d'abord une liste très complète de vos besoins, puis rayez tout ce qui peut faire double emploi ou qui n'est pas vraiment indispensable. Voyez enfin si vous avez la place de loger ce qui reste. Il est probable qu'il vous faudra faire encore quelques sacrifices !
Pour commencer, reportez-vous à la liste d'ustensiles du chapitre « Camping-Caravaning », p.160.

Ajoutez :
— 1 ou 2 bouteilles Thermos (une pour le thé ou le café, l'autre pour le potage, pour les nocturnes ou très matinales randonnées) ;
— 1 bouilloire ;
— 1 seau en plastique (plus pratique qu'une bassine à cause de son anse, où l'on peut attacher un « bout » pour tirer de l'eau de mer). Sert à laver la vaisselle, les légumes, à remonter l'eau de mer, à transporter l'eau douce, les provisions, etc.

Remplacez :
la poêle par une sauteuse à bord droit qui évite les éclaboussures, avec intérieur anti-adhésif si possible.

Supprimez :
— la grande casserole : votre autocuiseur suffit ;
— les plats en Pyrex : ils sont cassants ;
— les ustensiles qui peuvent rouiller tels que les passoires, les râpes, les moules, etc.

Vaisselle

Ne portez pas votre choix sur de la vaisselle tant soit peu fragile car le remue-ménage en mer peut être brutal. La vaisselle en plastique rigide est tout indiquée. Mais vous pouvez lui préférer celle en gros verre pratiquement incassable et pour plus de commodité, vous trouverez des modèles qui s'empilent.

Comptez		
par personne :	1 grande assiette plate 1 assiette calotte 1 tasse à café et sa soucoupe 1 verre solide 1 bol à déjeuner	en plastique ou en mélanine
	1 couvert en inox (cuiller, fourchette, couteau, cuiller à café)	
en plus :	3 ou 4 verres et tasses à café incassables pour les relations de passage (Priez les invités d'apporter leur couvert.) Serviettes en papier	

2. Préparation et organisation

Chaque chose à sa place

Le coin-cuisine d'un bateau est toujours plus petit que la plus minuscule des cuisines. On y découvre des tas d'idées très astucieuses pour gagner de la place, que l'on peut adapter de retour à terre, dans la cuisine de la maison. Mais, si dans un bateau il y a une place pour chaque chose, en contrepartie, chaque chose doit être remise à sa place aussitôt utilisée. La bonne entente de l'équipage en dépend. Il faut faire accepter ce point de discipline dès l'embarquement. Mais c'est à vous d'établir un ordre logique au départ et d'en faciliter le maintien. Ainsi, punaisez une feuille à l'intérieur de chaque porte de placard en indiquant son contenu. Utilisez les cachettes moins accessibles du bateau pour y entreposer bouteilles, boîtes de conserve et diverses réserves mais ne les y oubliez pas. Une « feuille-réserves » bien en évidence vous y aidera. Tenez-la à jour en rayant immédiatement ce que vous avez utilisé. N'oubliez pas de noter ce qui doit être renouvelé.

DIFFÉRENTS TYPES DE LAIT SOUS EMBALLAGE			
Appellations	Conditionnement	Conservation	
		* avant ouverture	* entamé
Lait stérilisé	Bouteille de verre, plastique, carton	**Longue durée** à température ambiante (+ 15 à + 20°C) dans l'obscurité	2 jours au réfrigérateur
Lait U.H.T. (upérisé à haute température)	Carton, plastique	**Longue durée** à température ambiante	2-3 jours au réfrigérateur
Concentré sucré	Boîte, tube, mini-berlingot	**Plusieurs mois**	8 jours au réfrigérateur
Concentré non sucré	Boîte de métal	**Plusieurs mois**	2 jours au réfrigérateur
En poudre	Carton, boîte de métal	**Plusieurs mois**	**Entier :** 8-10 jours **Écrémé :** 2 ou 3 semaines

* Il est inutile de faire bouillir ces différents laits avant de les consommer.

Lait

Il est indispensable d'emporter du lait à bord. Mais à quoi correspondent les appellations des différents laits proposés dans le commerce ? Lequel est le plus pratique à entreposer ? Combien de temps se conserve-t-il ? Le petit tableau ci-dessus vous apportera les réponses à vos questions.

Mal de mer

Personne ne peut se vanter de ne l'avoir jamais eu... ou de ne jamais l'avoir ! Mais chacun peut faire de son mieux pour l'éviter. Une réserve de comprimés contre le mal de mer est indispensable pour les plus sensibles. Mais, pour tous, quelques précautions sont utiles.

Évitez :

— les tâches demandant une attention soutenue et prolongée ;
— celles qui vous retiennent trop longtemps à l'intérieur de la cabine, la cuisine par exemple ;
— les repas trop copieux, trop gras ou trop arrosés ;
— les odeurs de cuisine, même bonnes.

Adoptez :

— les collations légères et fréquentes à chaque fois que l'estomac réclame, plutôt que les deux grands repas quotidiens traditionnels ;
— les fruits secs ;
— la cuisine préparée à l'avance, simplement réchauffée au dernier moment ;
— les soupes, les boissons chaudes bien sucrées non alcoolisées ;
— le rhum du soir, indispensable à tout loup de mer, amariné ou non !

Menus à bord

Ils sont de deux sortes :

- repas en mer, pique-nique, ou pour une croisière de plusieurs jours ;
- repas au port.

Repas en mer

Ils seront, pour raisons de mal de mer et de commodité, moins cuisinés (mais tout aussi solides !) que ceux pris au port. Lorsque le bateau bouge, il n'est ni agréable ni pratique d'exercer ses talents de cordon bleu dans la cabine. Le cœur n'y est pas ! Et personne ne vous le demande. Ce n'est pas une raison pour condamner l'équipage au régime-sandwich. Faites appel à toutes les commodités : conserves, produits déshydratés ou surgelés.

— Pour la journée :
préparez tout à l'avance, au port. Lavez les crudités, l'assaisonnement sera ajouté à la dernière minute. Tous les plats seront froids pendant la belle saison. Un potage chaud (déshydraté ou en boîte) pour le dîner. De toute manière, une boisson chaude, thé ou café, pour terminer le repas.

Menus-suggestions :

Pizza
Rôti froid mayonnaise
Salade niçoise
Fromages
Macédoine de fruits

ou

Melon-jambon de Parme
Omelette froide aux fines herbes
Salade verte
Fromages
Clafoutis

— Pour une croisière :
les repas de croisière seront souvent

désorganisés, morcelés, rarement pris par tout le monde ensemble autour de la table car la manœuvre commande. Prévoyez de nombreux en-cas. Cuisinez le plus possible au port.
Faites revenir les **viandes** destinées au mijotage, elles se garderont mieux ; cuisez-les même complètement pour n'avoir plus qu'à les réchauffer au moment du repas.
Nettoyez tous les **légumes**. Gardez-les dans des récipients en plastique, prêts à cuire.
Choisissez les **tomates** insuffisamment mûres.
Faites cuire un peu de **riz** d'avance, pour le préparer plus tard en salade ou le faire sauter à la poêle, avec curry, dés de viande, jambon, etc. Les **pâtes** peuvent, elles aussi, être cuites à l'avance mais sachez qu'elles s'altèrent très vite et surissent sous l'effet de la chaleur.
Les **fromages** : gruyère, mimolette, fromages fondus, yaourts, sont précieux et sans problème de conservation. (Surtout pas de fromages fermentés.)
Les agrumes et les bananes très fermes peu odorants et mûrissant lentement sont parmi les **fruits** les plus pratiques.
L'eau est la **boisson** la plus indiquée pour les chaudes journées de vacances... quitte à céder la place au vin et à la bière aux repas du soir si l'équipage proteste !

Repas au port

Ils sont semblables aux repas pris à bord d'une caravane ou dans le jardin d'une maison de campagne. Chacun est à l'aise pour cuisiner dans la cuisine — enfin stable — et pour déguster bien assis dans le cockpit du bateau, laissant flotter un regard distrait et vaguement supérieur sur les vacanciers du bord de mer traînant sur le quai avant de regagner leurs hôtels pour une nuit à l'abri des périls de la mer.

Miettes

Évitez les miettes, obsession du capitaine. Elles sont difficiles à déloger du cockpit. Un rouleau de papier absorbant accroché à portée de la main vous permettra d'accompagner chaque collation, chaque sandwich, d'un petit carré de papier... et d'un aimable rappel à l'ordre !

Oursins

Ne marchez pas dessus, ça fait mal et longtemps ! Ne les pêchez pas non plus. C'est interdit l'été.

Pain

Préférez le pain boule à la baguette qui rassit beaucoup plus vite.

Pêche

Avec beaucoup de patience, il arrive que la pêche soit bonne ! Attendez le retour au port pour nettoyer vos poissons sur le quai.
Sur la côte méditerranéenne, ils sont petits et variés. La meilleure recette pour les accommoder : la soupe de poisson (voir recette p. 87).
La côte Atlantique permettra de plus belles prises. Choisissez dans ce livre la façon de les accommoder.

Provisions

A moins d'entreprendre un voyage au long cours, ne faites qu'un minimum de provisions. Ne partez jamais sans boisson, sans eau surtout, même pour une courte promenade en mer. Le vent peut faiblir et votre voilier s'immobiliser, ou le moteur tomber en panne. Ayez donc deux repas au moins en réserve pour les soirs où vous rentrerez tard au port.
L'huile en bidon métallique est préférable à la bouteille plastique qui peut casser par gros temps. Et que son bouchon puisse se visser solidement !

Vide-ordures

Respectez les règles les plus élémentaires du savoir-vivre et de l'écologie : ne jetez à la mer que ce qui peut nourrir les mouettes et les poissons, à une certaine distance de la côte.
Ce n'est pas plaisant pour les baigneurs de se trouver nez à nez avec des coques de melon, des bouteilles en plastique, des assiettes en carton et j'en passe.
Les ports sont tous équipés de vastes poubelles destinées à recevoir les déchets. Vous contribuez à ces frais d'équipement. Profitez-en !

3. Temps de cuisson

TEMPS DE CUISSON EN AUTOCUISEUR			
Temps à partir de la mise en pression (rotation ou chuchotement du bouchon)		Cuisson courante (braisée ou à l'eau)	Cuisson à la vapeur
SOUPES	Consommé aux abattis de poulet	30 mn	

TEMPS DE CUISSON EN AUTOCUISEUR (suite)			
		Cuisson courante (braisée ou à l'eau)	Cuisson à la vapeur
SOUPES (suite)	Soupe de poisson — aux légumes — au pistou	25 mn 30 mn 40 mn	
BŒUF	Bœuf mode, braisé, daube Bourguignon Goulash Langue de bœuf (ébullition ou braisage) Pot-au-feu Rôti	1 h à 1 h 30 50 mn 45 mn 1 h 1 h 30 5 mn par livre	
MOUTON	Cassoulet Épaule braisée entière Ragoût, sauté	50 mn 40 mn 30 mn	
PORC	Choucroute Côtes braisées Potée Ragoût Rôti	1 h 10 mn 50 à 60 mn 40 mn 30 mn par kg	 10 mn
VEAU	Blanquette Côte Jarret, osso bucco Langue de veau (ébullition ou braisage) Rôti Sauté Tendron braisé aux carottes	25 mn 10 mn 25 à 30 mn 30 à 40 mn 25 mn par kg 15 à 20 mn par kg 25 mn	
VOLAILLES	Coq au vin Dindonneau (rôti de) Lapin sauté	45 mn 30 mn 20 à 25 mn	

TEMPS DE CUISSON EN AUTOCUISEUR (suite)			
		Cuisson courante (braisée ou à l'eau)	Cuisson à la vapeur
VOLAILLES (suite)	Poule au pot	25 mn par kg	
	— au riz	25 mn par kg	
	Poulet sauté (morceaux)	20 mn	
	Poulet cocotte (entier)	25 à 30 mn	
LÉGUMES (frais ou surgelés)	Artichauts	10 à 15 mn	idem
	Aubergines		5 mn
	Asperges	5 mn	7 mn
	Bettes	8 mn	8 à 10 mn
	Carottes (rondelles ou tronçons)	braisées 20 à 30 mn	10 mn
	Céleri-rave (rondelles)	10 mn	idem
	Choux blanc Chou-fleur (bouquets) Chou de Bruxelles	5 à 6 mn	idem
	Courgettes	5 mn	idem
	Endives	12 à 15 mn	10 à 12 mn
	Épinards (surgelés)		5 mn
	Fenouil- bulbe	15 mn	idem
	Haricots verts (surgelés)		5 à 6 mn
	Navets		6 mn
	Pois (surgelés)		10 mn
	Pommes de terre	entières, 10 mn rondelles, 3 à 4 mn ou moitiés, 3 à 4 mn	8 à 10 mn (entières ou moitiés)
	Ratatouille (sans eau)	15 à 20 mn	
POISSON	Cabillaud, lieu (en rôti) (en filets ou en tranches)	10 à 12 mn par kg	3 à 4 mn
	Lotte		6 mn
	Merlans (filets)		1 mn
	Merlans entiers (moyens)		4 à 5 mn
	Raie en escalopes		4 à 5 mn

TEMPS DE CUISSON EN AUTOCUISEUR (suite)		Cuisson courante (braisée ou à l'eau)	Cuisson à la vapeur
POISSON (suite)	Saumon en papillotes (de 200 g) Truite de mer (filets) Thon en tranches épaisses	14 à 16 mn	10 à 12 mn 4 mn
DESSERTS	Compotes d'abricots secs — de pruneaux — de pommes, de poires Riz au lait	5 mn 5 mn 10 mn 10 mn	

4. Trucs et recettes minutes

Coquillages

Sont compris sous la dénomination coquillages tous les mollusques comestibles univalves (escargot) ou bivalves (moule). Ils sont tous d'origine marine, exception faite pour l'escargot qui est le seul coquillage terrestre figurant sur nos menus. Leurs noms peuvent varier d'une province à l'autre.

(À noter : les buccins cuisent soit en 10 mn soit en 45 mn. Dans l'intervalle ils durcissent.)

*Crus •Cuits	Préparation	Cuisson
BIGORNEAUX • Brelins Vigneaux **BUCCINS** Bulots Escargots de mer	Laver à grande eau	Dans l'eau froide avec bouquet garni, ail, gros sel, pas mal de poivre. 10 mn, à petit frémissement. Laisser tiédir dans l'eau de cuisson
COQUES *• Bucardes Henons Rigadeaux	Laver. Tremper 1 h dans de l'eau froide très salée	Ouvrir sur feu vif dans une cocotte couverte

Coquillages (suite)

*Crus •Cuits	Préparation	Cuisson
COQUILLES ST-JACQUES• Peignes Pélerines	Ouvrir, ébarder, laver avec soin. Surgelées : laisser dégeler à l'eau froide ou tiède	Court-bouillon. À la poêle ou en brochettes
ESCARGOTS •	Laver et faire dégorger 2 h à l'eau vinaigrée et salée. Faire bouillir doucement 5 mn	Mettre dans un court-bouillon froid très aromatisé. Cuisson 3 h. Laisser refroidir dedans
HUITRES *•	Ouvrir	Faire pocher (porter juste à ébullition) dans leur propre jus. Ou griller dans leur coquille
MOULES *•	Gratter et laver	Ouvrir sur feu vif. Farcir et faire gratiner
OURSINS * Châtaignes de mer Hérissons. Œufs. Ours	Ouvrir en deux avec des ciseaux. Se mangent à la petite cuiller	
PALOURDES *• Clovisses **PÉTONCLES** Olivettes. Vaneaux Venettes **PRAIRES** Coques rayées Rigadelles **VERNIS** **CLAMS**	Brosser une par une sous le robinet. Laver ensuite à grande eau	Ouvrir sur feu vif. Farcir et faire gratiner

Crustacés

PRÉPARATION : NOTIONS DE BASE		
	Quantité par personne	Préparation et cuisson
ARAIGNÉES DE MER **TOURTEAUX**	500/600 g	Vivants Eau froide ou bouillante, bouquet garni, sel, poivre Couvrez au début, 15/25 mn selon grosseur Égouttez aussitôt cuits
ÉTRILLES		Étrilles : 5 mn petite ébullition
CREVETTES GRISES **CREVETTES ROSES**	50/75 g	Vivantes ou surgelées Eau bouillante, très salée et poivrée (eau de mer si possible). Couvrez. Reportez juste à ébullition. Passez sous l'eau froide. Égouttez
BOUQUETS **GAMBAS**	250 g	À la poêle, ou sur gril, 3 à 5 mn de chaque côté, selon grosseur. On peut flamber au cognac
ÉCREVISSES	6/8 par pers.	Vivantes ou surgelées. (Ôtez le boyau noir sous la queue. Lavez). Court-bouillon bouillant, très relevé, 10 mn petite ébullition. Couvrez au début
LANGOUSTINES	300/400 g	Eau bouillante, bouquet garni, sel, poivre. 2/4 mn douce ébullition, selon grosseur. Couvrez au début. Égouttez. À la poêle, 10/15 mn, feu moyen

Crustacés (suite)

PRÉPARATION : NOTIONS DE BASE		
	Quantité par personne	Préparation et cuisson :
LANGOUSTINES (SUITE)	en entrée : 2 kg pour 6/8 pers.	Vivants ou surgelés. Entiers. Eau bouillante, bouquet garni, sel, poivre. 20/30 mn ébullition, selon grosseur. Couvrez au début. Égouttez
HOMARDS LANGOUSTES	Grillé : 700/800 g pour 2 pers.	Fendu en 2 (ôtez la poche à graviers). 20/25 mn sur gril ou dans four bien chaud. Arrosez souvent
Pensez aux casse-noix individuels quand vous mettez des crustacés au menu. Pensez aussi aux serviettes en papier... surtout s'il s'agit de langoustines à l'américaine ou à la crème !		

Œufs

L'œuf, on l'oublie trop souvent, est une source de protéines aussi riche que la viande. Et, en ce qui concerne les plaisanciers, l'œuf est plus facile à conserver, à stocker, plus rapide à préparer et plus simple à manger sur le pouce que la viande.

À savoir :

— les emballages en carton protègent mieux les œufs de la casse que les conditionnements en polystyrène expansé.

— une petite réserve d'œufs cuits durs est utile pour les fringales de la journée.

Marquez-les d'une croix pour ne pas les confondre avec les autres.

Pour les écaler facilement : dès qu'ils sont cuits, brisez la coquille et plongez-les dans l'eau froide. Mais ne les écalez qu'au moment de consommer.

Rhum du marin

Le rhum est indispensable à bord pour le grog « coupe-froid », le moral de l'équipage et les conversations du soir avec ceux des bateaux voisins.

Truc « bon rhum »
Faites macérer dans la bouteille 2 ou 3 gousses de vanille. Servez avec un zeste de citron plié en deux dans chaque verre et, si possible, un glaçon.

Sandwich amélioré

Pour agrémenter le sandwich traditionnel, ajoutez-lui un petit quelque chose, par exemple :

— dans tous les cas : une feuille de salade ;
— au sandwich jambon blanc : rondelles de tomates, cornichons coupés en deux, moutarde, oignons au vinaigre, olives dénoyautées ;
— au jambon cru : lamelles de cornichons doux, cornichons, oignons au vinaigre, concombre ;
— à la saucisse de Francfort : moutarde, ketchup ;
— au roquefort-beurre : noix, raisins secs, céleri-branche, rondelles de radis ;
— au gruyère : moutarde, paprika ;
— au poulet froid ou fumé (id. jambon blanc) ;
— au filet de magret finement tranché, fumé ou séché et poivré ;
— plus insolite : avec tapenade, poutargue, rollmops ;
— complet : pan bagnat.

BOUILLABAISSE

Pour 6 à 8, il faut :
2 kg de poissons variés (rougets, vives, rascasses, lotte, congre, merlans, grondins),
3 oignons,
4 cuil. à soupe d'huile,
3 tomates,
1 petite branche de fenouil,
1 feuille de laurier,
1 brin de sarriette ou de thym,
1 petit morceau d'écorce d'orange,
1 g de safran,
sel, poivre.

Sauce rouille :
1 jaune d'œuf,
1/4 l d'huile (d'olive de préférence),
2 ou 3 gousses d'ail,
1 petit piment fort ou 4 pincées de poivre de Cayenne,
1 cuil. à café rase de tomate concentrée,
sel.

Garniture du bouillon :
24 tranches de pain.

Bateau
Camping-Caravaning

Préparation et cuisson : 1 h

1. Videz et lavez rapidement les poissons. Coupez les plus gros en tronçons. Hachez les oignons. Pelez et coupez les tomates.
2. Dans une cocotte, faites chauffer doucement 4 cuil. à soupe d'huile. Jetez-y les oignons hachés. Laissez-les cuire 5 mn sans faire prendre couleur. Ajoutez les poissons. Secouez la cocotte pour qu'ils soient bien imprégnés d'huile. Mettez alors : tomates, fenouil, laurier, sarriette ou thym, écorce d'orange, safran, sel, poivre. Recouvrez le tout d'eau bouillante (elle doit arriver un peu au-dessus des poissons).
3. Faites cuire à gros bouillons, sur feu vif et sans couvrir, de 15 à 20 mn. Servez sans attendre.
4. Sauce rouille : voir recette p. 148.
5. Mettez les tranches de pain dans une soupière. Versez le bouillon dessus. Servez les poissons à part, dans un plat creux et la rouille dans une saucière.

Variante
Ceci est une des diverses recettes de bouillabaisse. Les uns y ajoutent des pommes de terre, les autres ôtent la tête des poissons — celle de la rascasse excepté — et préparent à part un bouillon de têtes de poissons, lequel sert à « mouiller » la bouillabaisse. Pour moi, j'y ajoute un filet de « pastis » : il remplace parfaitement le fenouil. C'est tout à fait dans la note méridionale.

DESSERT

CRÈME RENVERSÉE AU CARAMEL (en autocuiseur)

Pour 4, il faut :
1/2 l de lait,
4 ou 5 cuil. à soupe de sucre en poudre,
1 sachet de sucre vanillé ou 1 gousse de vanille (facultatif),
4 œufs,
caramel liquide (en dosette ou en flacon),
1 pincée de sel.

1 moule à soufflé de 15 à 17 cm de Ø.

Bateau
Brunch-Buffet
Camping-Caravaning

Préparation : 5 mn
+ cuisson en autocuiseur : 7 mn

1. Faites bouillir le lait avec sucre, sel et vanille.
2. Dans une grande terrine, battez les œufs en omelette. Incorporez-y le lait bouillant en fouettant sans arrêt.
3. Enduisez de caramel liquide l'intérieur d'un moule. Versez la préparation très chaude dedans. Couvrez avec une feuille d'aluminium resserrée tout autour et maintenue par une assiette ou un élastique. Déposez dans le panier de l'autocuiseur.
4. Plongez le tout dans l'autocuiseur contenant 2 cm d'eau. Placez sur feu vif. Fermez. Dès que la soupape se met en rotation, modérez la chaleur et laissez cuire 7 mn exactement.
5. Retirez l'autocuiseur du feu et soulevez la soupape pour stopper net la cuisson. Quand la vapeur s'est échappée, ouvrez l'autocuiseur et retirez-en le moule.

Laissez refroidir la crème complètement avant de la présenter, démoulée ou non.

Variante
La crème renversée peut être aromatisée au caramel (dosette ou flacon), au café (café soluble), au chocolat et même au thé très concentré.

Note
Si vous préparez cette crème sans caramel, servez-la dans le récipient de cuisson car elle serait difficile à démouler.

CROQUEFORT

Pour 4, il faut :
4 tranches
de pain de mie,
80 g de roquefort,
40 g de beurre,
quelques lamelles
de cantal (facultatif).

Béchamel :
1 cuil. à soupe rase
de farine,
15 g de beurre,
1 verre à moutarde
de lait,
2 cuil. à soupe
de crème fraîche,
très peu de sel,
poivre.

Préparation et cuisson : 30 mn

1. Béchamel : délayez sur feu doux le beurre et la farine. Quand le mélange mousse, ajoutez-y le lait froid, du poivre et très peu de sel. Mélangez jusqu'à ébullition. Incorporez ensuite la crème fraîche. Laissez cuire doucement 2 ou 3 mn.
2. Râpez le roquefort ou écrasez-le à la fourchette. Ajoutez-le à la sauce. Retirez du feu.
3. Faites dorer légèrement les tranches de pain à la poêle avec le beurre. Tartinez-les avec le mélange au roquefort.

Servez-les telles quelles. Ou parsemez-les de fines lamelles de cantal et faites gratiner légèrement sous le grilloir.

Bateau
Brunch-Buffet
Camping-Caravaning
Coin du feu

CROQUE-MONSIEUR

Pour 4, il faut :
8 tranches de pain de mie,
2 tranches minces de jambon de Paris,
8 lamelles de gruyère (100 g environ),
80 g de beurre.

Préparation et cuisson : 15 mn

1. Couvrez une tranche de pain d'une lamelle de gruyère, d'une demi-tranche de jambon, à nouveau d'une lamelle de gruyère, puis d'une deuxième tranche de pain. Pressez le tout ensemble pour former un sandwich. Procédez de la même façon pour les 3 autres croque-monsieur.
2. Dans une grande poêle, faites chauffer modérément 80 g de beurre.
Mettez les croque-monsieur dedans.
Lorsqu'ils sont blonds d'un côté, retournez-les.
Laissez blondir à feu moyen sur l'autre face.

Variante
Les croque-monsieur cuits au four. Beurrez les tranches de pain de mie et formez les croque-monsieur. Mettez-les quelques minutes à four chaud (th. 6-7), très près du haut du four ou du grilloir allumé. Retournez-les quand ils sont dorés d'un côté.

Bateau
Brunch-Buffet
Camping-Caravaning
Coin du feu

ENTRÉE FROIDE

CROUSTADES AUX CREVETTES

Pour 6, il faut :
6 croûtes à tartelettes,
200 g de crevettes décortiquées,
1 tasse de mayonnaise (toute préparée),
1 cuil. à café de ketchup,
6 feuilles de laitue,
1 citron,
poivre de Cayenne.

Préparation : 10 mn

1. Mélangez les crevettes avec la mayonnaise, le ketchup et 1 ou 2 pincées de cayenne.
2. Déposez dans chaque tartelette une petite feuille de salade, des crevettes-mayonnaise et une fine rondelle de citron.

Truc
Les crevettes surgelées conviennent à cette préparation. Pour les faire dégeler plus vite, plongez le sachet fermé dans de l'eau chaude. Avant de les mélanger à la mayonnaise, il faudra les presser dans du papier absorbant pour en extraire l'excès de jus.

Bateau
Brunch-Buffet
Camping-Caravaning

DIPLOMATE

Pour 6, il faut :
500 g de biscuits à la cuiller,
1 verre à porto de kirsch ou de rhum,
1 pot de gelée de groseilles ou de marmelade d'abricots,
50 g d'amandes effilées (facultatif).

1 moule profond (à soufflé) de 18 cm de Ø environ.

Préparation : 15 mn
+ quelques heures au réfrigérateur

1. Mettez une rondelle de papier sulfurisé ou d'aluminium au fond d'un moule profond. Garnissez l'intérieur avec les biscuits à la cuiller légèrement imbibés d'un mélange d'eau et de kirsch (ou de rhum) posés verticalement. Emplissez ensuite avec des couches de confiture et de biscuits cassés, imbibés d'alcool. Terminez par des biscuits. Tassez avec un poids et mettez au frais.
2. Démoulez le diplomate sur un plat.
Vous pouvez le présenter tel quel, saupoudré d'amandes effilées ou arrosé de confiture délayée avec un peu d'alcool (kirsch ou rhum).

Bateau
Brunch-Buffet
Camping-Caravaning
Coin du feu
Pique-nique

Variante
Des fraises bien mûres, coupées en deux, macérées avec sucre et jus de citron, remplaceront ou complèteront agréablement la confiture pendant la belle saison.

ÉMINCÉ DE PORC SUCRÉ (plat chinois)

Pour 4, il faut :
600 g d'échine en lamelles,
50 g de beurre,
2 cuil. à soupe de fécule,
2 cuil. à soupe de vin blanc sec,
3 cuil. à soupe de sauce soja,
1 poivron doux,
1 pincée de gingembre,
pousses d'oignon (ou de civette),
1 tomate,
2 cuil. à soupe de sucre,
2 petits piments,
2 cuil. à soupe de vinaigre,
1 boîte d'ananas,
sel, poivre.

Préparation et cuisson : 40 mn

1. Parsemez les lamelles de porc avec 1 cuil. à soupe de fécule de pommes de terre, 2 cuil. à soupe de vin blanc et autant de sauce soja. Mélangez pour enrober régulièrement. Faites dorer à feu vif dans une poêle avec 30 g de beurre.
2. Dans une autre poêle, faites revenir vivement les pousses d'oignon hachées et le poivron en morceaux, pendant 5 mn. Ajoutez ensuite : gingembre, tomate épluchée, 1 cuil. à soupe de fécule, piments écrasés, 1 cuil. à soupe de sauce soja, 2 cuil. à soupe de vinaigre, le sirop d'ananas, 1/2 verre d'eau, sel, poivre. Laissez mijoter à découvert. Au bout de 5 à 6 mn, ajoutez l'émincé de porc cuit et l'ananas en morceaux. Laissez cuire le tout ensemble, sans couvrir, de 5 à 6 mn supplémentaires. Servez avec du riz nature.

Bateau
Brunch-Buffet
Camping-Caravaning
Coin du feu

FILETS DE LOTTE À LA VAPEUR SAUCE VELOUTÉE

Pour 4, il faut :
800 g de filets de lotte (frais ou surgelés),
1/2 citron en fines rondelles,
sel.

Court-bouillon :
1 sachet de court-bouillon tout préparé,
1 tasse de vin blanc,
3 tasses d'eau,
2 cuil. à soupe de vinaigre.

Sauce veloutée :
2 jaunes d'œufs,
1 cuil. à café rase de Maïzena,
1 bol de court-bouillon,
100 g de crème fraîche.

Bateau
Camping-Caravaning
Coin du feu

Préparation : 20 mn
+ cuisson en autocuiseur : 10 mn + 5 mn

1. Dans l'autocuiseur, mettez tous les éléments du court-bouillon.
Laissez cuire 2 ou 3 mn sous pression.
2. Au fond du panier perforé de l'autocuiseur, étalez-les rondelles de citron, puis les morceaux de lotte dessus. Salez-les.
3. Ouvrez l'autocuiseur. Placez-y le panier garni de poisson, en position haute. Refermez et laissez cuire 5 mn à partir de la mise en rotation.
4. Sauce veloutée : dans une petite casserole, délayez les jaunes d'œufs avec la Maïzena et la crème. Incorporez-y au fouet un bol de court-bouillon chaud. Portez sur feu moyen en fouettant sans arrêt jusqu'à ce que la sauce prenne une légère consistance. Retirez du feu avant ébullition.
5. Présentez sur des assiettes chaudes, les morceaux de lotte recouverts de sauce.

Note
Les joues de lotte, proposées parfois à un prix avantageux, conviennent très bien pour cette recette.

Truc
La lotte a tendance à se dessécher et à se racornir quand on la fait cuire au four, à la cocotte et même au court-bouillon. Au contraire, la lotte cuite à la vapeur garde un moelleux parfait. Même si vous la destinez à une présentation à la mayonnaise ou en salade aux fines herbes, cuisez-la à la vapeur plutôt que dans un court-bouillon.

HADDOCK GRILLÉ

Pour 4, il faut :
800 g de haddock,
1 verre d'huile, 1 citron,
50 g de beurre,
persil,
poivre.

Préparation et cuisson : 15 mn

1. Rincez et essuyez les morceaux de haddock avec du papier absorbant. Enduisez-les d'huile. Déposez-les sur une grille, placée elle-même sur la plaque creuse du four (lèchefrite). Glissez-les sous le grilloir ou sur barbecue de 5 à 7 mn sur chaque face.
2. Présentez le haddock avec citron et persil haché. À part, une saucière de beurre fondu, légèrement poivré.

Truc
Du haddock grillé très parfumé : il est mis à mariner 1 h ou 2, avec thym, laurier, romarin, jus de citron, poivre et un peu d'huile, avant cuisson. Laissez au réfrigérateur, bien couvert d'une feuille d'aluminium.

Bateau
Brunch-Buffet
Coin du feu

PLAT PRINCIPAL

MOULES MARINIÈRE

Pour 4, il faut :
4 l de moules,
2 échalotes hachées,
25 g de beurre,
1/2 verre
de vin blanc sec
(facultatif),
persil haché,
poivre.

Préparation et cuisson : 45 mn

1. Grattez et lavez les moules.
2. Dans une cocotte, faites revenir sur feu doux le hachis d'échalotes avec le beurre et le vin blanc.
3. Quand le vin est presque évaporé, ajoutez les moules et poivrez (pas de sel).
Laissez cuire à feu vif en mélangeant souvent pendant quelques minutes.
4. Toutes les moules étant ouvertes, parsemez-les de persil haché. Servez aussitôt.

Note
4 l de grosses moules de Hollande équivalent à peu près à 2 kg de petites moules de Bouchot, plus pleines et plus charnues, les meilleures selon moi.

Bateau
Coin du feu

ŒUFS AU BACON

Pour 4, il faut :
8 œufs,
30 g de beurre,
8 très fines tranches de bacon (lard de poitrine ou filet),
poivre.

Préparation et cuisson : 10 mn

1. Dans des plats à œufs individuels ou dans une poêle, faites fondre 30 g de beurre. Mettez-y les tranches de bacon à rissoler 1 à 2 mn sur une face. Retournez-les.
2. Cassez les œufs sur le côté rissolé des tranches de bacon. Laissez cuire à feu moyen 2 mn environ jusqu'à ce que le blanc soit pris. Poivrez. Ne salez pas.

Bateau
Brunch-Buffet
Camping-Caravaning

ŒUFS DANS UN CADRE

Pour 4, il faut :
4 petits œufs,
50 g de beurre,
4 tranches carrées de pain de mie,
sel, poivre.

Fines tranches de bacon ou de jambon fumé (facultatif).

Poêle anti-adhésive.

Préparation et cuisson : 15 mn

1. Découpez une rondelle dans chaque tranche de pain : placez un verre au centre, coupez tout autour avec un couteau pointu.
2. Dans une poêle, faites chauffer 50 g de beurre. Mettez-y, 2 par 2, les tranches trouées à dorer sur feu moyen. Retournez-les. Cassez un œuf dans chaque trou. Salez et poivrez. Remettez quelques minutes à feu moyen, avec un couvercle, ou mieux encore, sous le grilloir.

Truc
Pour faire de cette entrée un plat plus résistant, glissez sous la tranche de pain, au moment de la retourner, une lamelle de bacon, de filet de porc ou de jambon fumé.

Bateau
Brunch-Buffet
Camping-Caravaning

OMELETTE AUX MOULES

Pour 4, il faut :
1 tasse de moules cuites décoquillées (reste),
50 g de beurre,
8 œufs,
1 gousse d'ail,
bouquet de persil,
sel, poivre.

Préparation et cuisson : 10 mn

1. Égouttez et épongez les moules.
Hachez le persil et l'ail. Mélangez le tout.
2. Faites chauffer une bonne noix de beurre dans une casserole. Jetez les moules dedans. Laissez réchauffer sur feu doux quelques minutes.
3. Battez les œufs en omelette avec sel, poivre et une bonne noix de beurre fondu.
Faites cuire à la poêle sur feu très vif. Dès que l'omelette prend sur les bords, étalez les moules chaudes sur une moitié, repliez l'autre moitié dessus et faites glisser sur le plat de service.

Bateau
Camping-Caravaning

PLAT PRINCIPAL

PASTASCIUTTA CORSE

Pour 4, il faut :
400 à 500 g de spaghetti,
500 g de tomates,
2 oignons hachés,
70 g de beurre ou d'huile,
200 à 300 g
de viande cuite, hachée,
1 gousse d'ail,
1 petit piment fort,
100 g d'olives vertes
dénoyautées,
50 g de gruyère râpé,
sel.

Préparation et cuisson : 45 mn

1. Hachez les oignons. Faites-les dorer dans une poêle avec un peu d'huile ou de beurre. Ajoutez-y ensuite les tomates coupées en morceaux et l'ail. Laissez cuire à feu très vif 5 mn. Puis ajoutez la viande hachée, le piment, un peu de sel. Laissez mijoter, sans couvrir, 1/2 h environ (si possible, ôtez le piment en fin de cuisson).

2. Pendant ce temps, jetez les spaghetti dans une grande quantité d'eau salée en ébullition. Laissez bouillir le temps indiqué sur le paquet. Égouttez. Versez dans un plat creux.

3. Incorporez aux pâtes la sauce tomate à la viande, quelques noisettes de beurre, les olives coupées en rondelles. Servez aussitôt. Présentez à part le gruyère râpé.

Notes

Prenez garde aux piments qui peuvent être plus ou moins forts, selon leur variété, leur degré de maturité et la sensibilité de votre palais ! Usez-en avec prudence.

Tout reste de viande cuite convient pour cette recette. Mais le boucher propose aussi du bœuf bouilli qui convient très bien.

Bateau
Camping-
Caravaning
Coin du feu

POISSON MARINÉ TAHITIENNE

Pour 4, il faut :
800 g de poisson
très frais à chair ferme,
(lotte, mérou ou dorade),
2 carottes tendres,
3 tomates,
1 poivron,
2 citrons,
2 œufs durs,
1 pot de pickles,
1 boîte de cœurs
de palmier,
noix de coco fraîche,
sel, poivre.

Vinaigrette :
7 cuil. à soupe d'huile,
2 cuil. à soupe
de vinaigre,
1 cuil. à café
de moutarde,
sel, poivre.

Préparation : 30 mn
+ marinade : 2 h

1. 2 h à l'avance, coupez le poisson cru en petits cubes. Il doit être d'une fraîcheur extrême. Faites mariner avec le jus des citrons, sel et poivre.
2. Pelez et coupez les carottes en dés. Épépinez le poivron et tranchez-le en lanières. Plongez le tout dans de l'eau en ébullition, pendant 2 mn ; passez ensuite sous l'eau froide et égouttez. Égouttez aussi les cœurs de palmier.
3. Râpez 1 quartier de noix de coco. Mélangez-le dans un saladier avec les morceaux de poisson, poivron, carottes, pickles, sel, poivre, vinaigrette. Décorez avec tomates, œufs durs et cœurs de palmier. Consommez aussitôt ou gardez dans le réfrigérateur très froid jusqu'au moment du repas. Présentez avec une salade de riz.

Variante
La noix de coco, très couleur locale, peut être, chez nous, supprimée. Augmentez alors légèrement la quantité de citron qui relève et attendrit le poisson.

Bateau
Camping-Caravaning

ENTRÉE FROIDE

POTAGE GLACÉ AU CONCOMBRE

Pour 4, il faut :
1 concombre,
4 ou 5 yaourts nature,
80 g de roquefort,
1 petit bouquet de ciboulette,
tiges tendres de cœur de céleri-branche,
1 citron,
1/2 verre d'eau,
sel, poivre.

Préparation : 15 mn
+ 1 h au réfrigérateur

1. Pelez le concombre. Coupez-le en fines rondelles. Salez généreusement et laissez dégorger 1 h dans le réfrigérateur.
2. Coupez finement la ciboulette et les feuilles de céleri. Émiettez le roquefort. Mélangez ciboulette (sauf 1 cuil. à café pour la garniture du plat), céleri, roquefort, yaourts, poivre (pas de sel), citron et 1/2 verre d'eau environ. Mettez le tout au frais.
3. Au moment du repas égouttez les rondelles de concombre (tordez-les dans un linge pour en exprimer le maximum de jus). Ajoutez-les à la préparation au fromage. Présentez en soupière ou dans des bols individuels avec quelques pincées de ciboulette hachée à la surface.

Variante
Le roquefort peut être supprimé. Mais il faut, dans ce cas, relever la saveur de ce potage glacé par un soupçon d'ail.

Truc
Utilisez un couteau-économe pour peler le concombre. Vous gagnerez en temps et efficacité.

Bateau
Brunch-Buffet
Camping-Caravaning

RIZ À LA CHINOISE
(à la vapeur)

Pour 4, il faut :
200 g de riz
(8 à 10 cuil. à soupe),
sel.

Cuisson en autocuiseur : de 10 à 12 mn
+ cuisson à découvert : de 3 à 5 mn

1. Versez le riz dans le panier perforé rigide de l'autocuiseur. Déposez-le au fond de celui-ci. Couvrez largement d'eau froide salée. Faites bouillir, sans couvrir, de 3 à 5 mn suivant que vous aimez le riz plus ou moins tendre.
2. Remettez quelques centimètres d'eau dans l'autocuiseur. Introduisez-y le panier contenant le riz, en position haute (ne touchant pas l'eau).
3. Fermez l'autocuiseur. Portez à ébullition. Laissez cuire de 10 à 12 mn à partir de la mise en pression.
4. Égrenez le riz à la fourchette dans le panier resté dans l'autocuiseur hors du feu. Recouvrez pour laisser gonfler à la vapeur jusqu'au moment de servir. Présentez ce riz avec une viande en sauce, volaille ou poisson. Ou laissez-le refroidir pour le préparer en salade.

Bateau
Camping-Caravaning
Pique-nique

Note
Le riz ainsi préparé peut être réchauffé à la vapeur dans l'autocuiseur sous pression, en 3 ou 4 mn seulement.

PLAT PRINCIPAL

RIZOTTO DE FRUITS DE MER

Pour 4, il faut :
1 boîte de crabe,
2 l de moules,
(ou 2 paquets
de moules surgelées),
30 g de beurre,
125 g de champignons,
1 tablette
de bouillon de poulet,
30 g de gruyère,
200 g de riz,
1 oignon,
1/2 g de safran,
sel, poivre.

Sauce :
30 g de beurre,
1 cuil. à soupe de farine,
jus des moules,
1 cuil. à soupe
de crème fraîche.

1 moule à savarin.

Bateau
Brunch-Buffet
Camping-
Caravaning

Préparation et cuisson : 45 mn

1. Faites ouvrir les moules préalablement nettoyées, dans une grande cocotte, avec sel et poivre, 5 mn. Passez très soigneusement le jus. Réservez-le.
2. Dans une grande casserole, faites revenir l'oignon haché avec 30 g de beurre. Lorsqu'il est juste doré, ajoutez-y le riz. Mélangez. Puis ajoutez 2 bols d'eau, tablette de bouillon, sel, poivre. Couvrez. Laissez mijoter jusqu'à absorption complète du liquide (17 à 20 mn). Hors du feu, incorporez le gruyère râpé.
3. Sauce : délayez, sur feu doux, 1 cuil. à soupe rase de farine avec 30 g de beurre. Ajoutez ensuite 1 verre 1/2 de jus de cuisson des moules (ou d'eau) et le safran. Coupez les champignons en lamelles. Ajoutez-les à la sauce. Laissez cuire 10 mn.
4. Décoquillez les moules. Débarrassez le crabe de ses cartilages. Ajoutez-les à la sauce. Laissez sur le feu. Incorporez 1 cuil. de crème fraîche, à la dernière minute.
5. Tassez le riz bien chaud dans un moule à savarin. Démoulez. Au milieu, versez la sauce aux moules et au crabe.

Truc
Les moules surgelées qu'il suffit de laisser dégeler avant de les ajouter à la sauce chaude.
Les oignons et les champignons lyophilisés ou surgelés déjà coupés en fines lamelles, qu'on réhydrate en quelques secondes pour qu'ils soient prêts à cuire.

ENTRÉE FROIDE

SALADE CÉSAR

Pour 4, il faut :
1 salade romaine,
2 tranches de pain de mie,
1 gousse d'ail,
4 œufs,
6 filets d'anchois,
50 g de parmesan râpé,
2 cuil. à soupe d'huile.

Vinaigrette :
4 cuil. à soupe d'huile,
1 cuil. à soupe de vinaigre,
1 gousse d'ail,
sel, poivre.

Préparation et cuisson : 20 mn
+ 1 h à l'avance

1. 1 h à l'avance, préparez la vinaigrette dans le saladier et laissez macérer dedans une gousse d'ail écrasée.
2. Faites cuire les œufs de 3 à 4 mn seulement pour les obtenir « mollets ». Plongez-les dans l'eau froide aussitôt cuits en fêlant la coquille.
3. Frottez le pain avec 1 gousse d'ail. Tranchez-le en petits dés à l'aide d'un grand couteau. Faites-les sauter vivement à la poêle, sur feu modéré, avec un peu d'huile.
4. Ôtez la gousse d'ail de la vinaigrette. Disposez dessus les feuilles de salade coupées en tronçons. Décorez avec les œufs mollets coupés en deux, les filets d'anchois. Parsemez de croûtons et de parmesan râpé. Vous mélangerez, à table, jusqu'à ce que la salade soit enrobée d'un mélange crémeux.

Variante
En remplaçant le parmesan par du roquefort finement émietté à la moulinette, vous obtiendrez un mélange encore plus crémeux.

Bateau
Brunch-Buffet
Camping-Caravaning

Truc
La romaine sera plus craquante si elle a été remise dans le réfrigérateur jusqu'au moment d'être dégustée. Ne la mélangez qu'à table.

SALADES DE PÂTES
Conseils utiles

- Les pâtes de petite taille (coquillettes, torti, etc.) conservent bien leur forme quand elles sont brassées. Tandis que les nouilles plates ne conviennent pas pour la salade.
- Respectez le temps de cuisson. Des pâtes trop cuites s'affaissent une fois assaisonnées de vinaigrette ou de mayonnaise.
- Pour gagner du temps — mais exceptionnellement pour la salade — rafraîchissez les pâtes cuites en faisant couler beaucoup d'eau froide dessus. Ne les laissez surtout pas tremper.
- Enduisez-les d'un peu d'huile aussitôt égouttées afin qu'elles ne collent pas les unes aux autres. Mais ne les assaisonnez en salade que lorsqu'elles sont refroidies.
- La vinaigrette d'une salade de pâtes doit être bien relevée à l'aide d'épices telles que : paprika, piment, safran, et de fines herbes, ciboulette principalement, échalote, oignon blanc et ail (un soupçon seulement...).
- La mayonnaise destinée à la salade de pâtes doit être aussi fluide que de la crème fraîche liquide. Au besoin, allongez-la d'un peu d'eau ou de bon vinaigre.
- Un reste de salade de pâtes (mais il en reste rarement !) se conserve au réfrigérateur jusqu'au lendemain. Il n'aura rien perdu de sa saveur et de son moelleux si vous l'avez enfermé hermétiquement dans un récipient en plastique.

Bateau
Brunch-Buffet
Camping-Caravaning
Coin du feu
Pique-nique

SALADE DE PÂTES AU CRABE

Pour 4, il faut :
125 g de pâtes en forme de vrilles,
1 boîte de crabe,
1 boîte de cœurs de palmier,
1 tasse de vinaigrette,
50 g de roquefort,
1 cuil. à soupe d'huile,
1/2 gousse d'ail,
1 pincée de poivre de Cayenne,
sel.

Sauce :
4 cuil. à soupe de mayonnaise (ou 2 tubes),
1 cuil. 1/2 à soupe de vinaigre,
quelques gouttes de Tabasco (ou 2 pincées de poivre de Cayenne),
sel, poivre.

Décor :
4 œufs durs,
quelques olives.

Bateau
Brunch-Buffet
Camping-Caravaning
Coin du feu
Pique-nique

Préparation et cuisson : 30 mn
+ 1 h au réfrigérateur

1. Couper les cœurs de palmier en rondelles épaisses. Assaisonnez-les d'une tasse de vinaigrette agrémentée de 50 g de roquefort finement émietté, ail haché et Tabasco ou poivre de Cayenne. Laissez macérer.
2. Faites cuire les pâtes un peu fermes. Dès qu'elles sont à point, passez-les sous l'eau froide et mélangez-les avec un peu d'huile afin qu'elles ne se collent pas. Ajoutez-y le crabe débarrassé de ses cartilages (gardez le jus).
3. Délayez la mayonnaise avec 1 cuil. 1/2 de vinaigre et une partie du jus de crabe pour la rendre assez fluide. Ajoutez du poivre et quelques gouttes de Tabasco (ou 2 pincées de cayenne). Mélangez délicatement avec les pâtes.
4. Au moment du repas, réunissez salade de pâtes et cœurs de palmier dans un même saladier.
Décorez de quartiers d'œufs durs et d'olives.

Note
Pour un plat principal doublez les proportions.

ENTRÉE FROIDE

SALADE DE PÂTES AU PISTOU

Pour 4, il faut :
250 g de pâtes,
2 cuil. à soupe d'huile (d'olive, de préférence),
1 cœur de romaine,
1 cœur de céleri- branche,
1 dizaine de radis,
100 g de gruyère,
3 tomates fermes,
sel.

Pistou :
2 à 3 gousses d'ail,
8 à 12 feuilles de basilic (selon goût),
6 cuil. à soupe d'huile d'olive,
25 g de parmesan (gruyère ou hollande, finement râpé),
sel, poivre.

Bateau
Brunch-Buffet
Camping-Caravaning

Préparation et cuisson : 30 mn

1. Cuisson des pâtes : dans une grande casserole, faites bouillir beaucoup d'eau salée. Jetez-y les pâtes en pluie. Remuez. Attendez la nouvelle ébullition et laissez cuire le temps indiqué sur le paquet. Quand elles commencent à ramollir (ni trop fermes, ni trop molles), égouttez-les. Passez-les sous l'eau froide. Égouttez-les bien à nouveau et mélangez-les aussitôt après avec un peu d'huile afin qu'elles ne se collent pas ensemble.
2. Lavez et égouttez les crudités. Coupez les radis en rondelles, les tomates en quartiers et le gruyère en bâtonnets. Hachez grossièrement le céleri.
3. Pistou : pelez et hachez les gousses d'ail. Mettez-les dans un bol avec les feuilles de basilic finement coupées, sel et poivre. Écrasez avec le dos d'une cuiller en bois pour obtenir une pommade. Ajoutez-y alors l'huile goutte à goutte tout en tournant régulièrement. Incorporez peu à peu le fromage râpé.
4. Mélangez le pistou avec les pâtes refroidies et tous les autres éléments de la salade sauf les feuilles de romaine que vous disposerez sur un grand plat. Placez la salade de pâtes au centre. Décorez avec les tomates en quartiers. Mettez au réfrigérateur jusqu'au moment de servir.

Note
Pour préparer des pâtes en salade, choisissez de préférence des pâtes de petite taille, coquillettes ou torti, qui conservent bien leurs formes lorsqu'elles sont brassées.

ENTRÉE FROIDE

SALADE DE RIZ AUX MOULES

Pour 4, il faut :
100 g de riz,
1 bol de moules cuites décoquillées (ou 1 boîte de moules surgelées),
persil,
2 tomates.

Vinaigrette :
6 cuil. à soupe d'huile,
1 cuil. 1/2 à soupe de vinaigre,
1 échalote,
sel, poivre.

1 g de safran ou 1/2 cuil. à café de curry (facultatif).

Bateau
Brunch-Buffet
Camping-Caravaning

Préparation et cuisson : 30 mn

1. Lavez le riz à grande eau. Mettez-le à cuire dans beaucoup d'eau froide salée de 17 à 20 mn.
2. Pendant ce temps, faites la vinaigrette. Coupez 1 échalote très finement dedans.
3. Égouttez bien les moules. Épongez-les au besoin avec du papier absorbant.
4. Égouttez le riz. Passez-le sous l'eau froide pour le refroidir complètement. Ajoutez-y vinaigrette avec safran ou curry (facultatif), moules et persil haché. Disposez dans un saladier. Décorez le dessus avec une couronne de rondelles de tomates.

Truc
De la salade de riz « goûteuse » : une vinaigrette abondante et surtout très riche en huile car le riz l'absorbe gloutonnement. Assaisonnez-la généreusement non seulement de sel et de poivre, mais aussi d'épices diverses, de fines herbes et de crudités. À la tomate peuvent s'ajouter : olives, concombre, poivron, céleri-branche, etc., selon la saison. Une mayonnaise un peu liquide peut compléter, ou même remplacer, la vinaigrette.

SALADE RUSSE

Pour 6, il faut :
macédoine de légumes (surgelée ou en boîte),
1 petite boîte de champignons de Paris,
1 boîte de fonds d'artichauts,
quelques cornichons,
1 cœur de laitue,
2 tomates,
1 betterave rouge cuite,
3 œufs,
1 tranche épaisse de jambon maigre,
2 tubes ou 1 pot de mayonnaise.

Préparation : 15 mn
+ attente au réfrigérateur (facultative)

1. Égouttez soigneusement la macédoine cuite, les champignons et les fonds d'artichauts coupés en 4.
2. Vous pouvez aromatiser la mayonnaise toute préparée avec 1 cuil. à café de moutarde forte. Mélangez-la ensuite avec les légumes en boîte bien asséchés, les cornichons en rondelles et le jambon coupé en bâtonnets. Tassez dans un moule profond. Mettez au froid.
3. Tapissez le fond d'un plat rond de feuilles de laitue. Démoulez la salade russe au centre. Décorez le tour avec des rondelles ou des quartiers d'œufs durs, tomates et petits dés de betterave rouge.

Truc
Il est très important d'égoutter parfaitement les légumes avant de les mélanger à la mayonnaise, sinon ce bel assemblage s'écroulerait vite. Pour cela, complétez l'égouttage en épongeant avec du papier absorbant.

Bateau
Brunch-Buffet
Camping-Caravaning
Pique-nique

SAUCE PROVENÇALE AUX ANCHOIS

Pour 4, il faut :
4 ou 5 anchois au sel,
50 g de beurre,
1/2 cuil. à café de farine,
quelques feuilles d'estragon haché,
poivre.

Préparation et cuisson : 30 mn

1. Dessalez les anchois. Détachez les filets et écrasez-les finement avec 40 g de beurre un peu ramolli.
2. Faites chauffer une noix de beurre avec 1/2 cuil. à café de farine. Mélangez sur le feu. Laissez blondir légèrement sur feu doux. Incorporez-y la pâte d'anchois en mélangeant vigoureusement (batteur électrique conseillé). Retirez du feu aussitôt le mélange terminé. Ajoutez l'estragon haché et le poivre.

Note
Pour accompagner grillades, viandes froides ou poisson.

Bateau
Camping-Caravaning

SAUCE PROVENÇALE AUX ANCHOIS

Pour 4, il faut :
3 anchois au sel,
2 gousses d'ail,
2 jaunes d'œufs,
1 ou 2 cuil. à soupe d'eau froide,
1 verre 1/2 d'huile,
1/2 citron,
poivre.

Préparation : 15 mn

1. Passez les anchois sous l'eau du robinet pour les dessaler et détachez les filets de l'arête. Essuyez-les avec du papier absorbant.
2. Dans un bol, réduisez les filets d'anchois en pâte, avec une cuiller en bois. Cassez 2 jaunes d'œufs dessus. Ajoutez poivre et jus de citron. Battez comme une mayonnaise en incorporant l'huile peu à peu, puis, à la fin, 1 ou 2 cuil. à soupe d'eau. Vous obtiendrez une sauce liée mais assez liquide.

Note
Pour accompagner grillades, viandes froides ou poisson.

Bateau
Brunch-Buffet
Camping-Caravaning
Pique-nique

SOUPE AUVERGNATE

Pour 6, il faut :
2 sachets ou boîtes de soupe de poireaux-pommes de terre,
3 gousses d'ail,
200 g de cantal râpé,
120 g de pain,
1 verre de lait,
1 petit pot de crème,
sel, poivre.

Préparation et cuisson : 15 mn

1. Préparez les sachets (ou boîtes) de soupe de poireaux-pommes de terre.
2. Frottez la soupière avec les gousses d'ail. Déposez au fond : la moitié du cantal râpé, le pain en tranches fines, la crème et le lait bouillant. Versez la soupe dessus. Parsemez avec le reste de cantal. Si possible, faites gratiner dans le four, quelques minutes.

Note
Si, même en vacances, vous êtes d'humeur à préparer la soupe-comme-à-la-maison, coupez 3 blancs de poireaux en petits morceaux et 400 g de pommes de terre en rondelles minces et régulières. Faites-les cuire dans 2 l d'eau pendant 45 mn (en autocuiseur : 20 mn).

Bateau
Camping-Caravaning
Coin du feu

SOUPE DE POISSON

Pour 4, il faut :
1,200 kg de poissons de roche ou autres (*) (sauf poissons gras),
2 oignons,
3 gousses d'ail,
2 tomates,
bouquet garni,
romarin,
4 cuil. à soupe d'huile d'olive,
1 g de safran,
1 cuil. à soupe de pastis,
3 cuil. à soupe de gros vermicelle,
sel, poivre.

Gruyère râpé,
croûtons aillés.

Préparation et cuisson : 1 h 15

1. Videz les poissons. Écaillez-les au besoin. Ne les étêtez pas. Lavez-les.
2. Faites revenir dans un fait-tout avec l'huile d'olive, les oignons coupés en 4, tomates en morceaux, ail, bouquet garni et romarin. Ajoutez-y ensuite le poisson. Laissez cuire sur feu vif. Écrasez avec une cuiller en bois au fur et à mesure de la cuisson.
3. Quand le poisson est en bouillie, ajoutez 2 l d'eau, pastis, sel, poivre, safran. Portez à forte ébullition continue pendant 1/2 h.
4. Passez la soupe à la moulinette pour écraser les arêtes au maximum. Vous pouvez épaissir ou non avec 3 cuil. à soupe de gros vermicelle dans la soupe en ébullition. Laissez bouillir 3 mn. Servez avec des croûtons frottés d'ail et du gruyère râpé.

Note
(*) À défaut de poissons de roche, mettez dans la soupe congre, rouget-grondin, merlan, lotte, voire de petites étrilles. Mais proscrivez à tout prix les poissons gras (maquereaux, harengs, mulets, etc.).

Truc
Faites la soupe de poisson dans un autocuiseur, en 10 mn de cuisson.
Et passez-la au mixer qui pulvérise tout, ou presque. On économise du temps et aussi du poisson. Juste avant de servir, liez avec un soupçon de farine délayée avec 1 ou 2 cuil. à soupe de crème fraîche.

Bateau
Camping-Caravaning

SPAGHETTI CARBONARA

Pour 4, il faut :
400 à 500 g de spaghetti,
100 g de lard fumé,
4 œufs,
1 cuil. à soupe
d'huile d'olive,
1 gousse d'ail,
100 g de crème fraîche
épaisse,
50 g de parmesan râpé,
sel, poivre.

Préparation et cuisson : 15 mn

1. Coupez le lard en très petits dés. Faites-le dorer dans une grande cocotte dans un peu d'huile avec l'ail écrasé ou coupé.
2. Plongez les spaghetti dans beaucoup d'eau bouillante salée additionnée d'1 cuil. à soupe d'huile. Faites-les cuire « al dente » (environ 8 mn).
3. Battez en omelette les œufs avec la crème, le sel et le poivre.
4. Égouttez les spaghetti et versez-les aussitôt dans la cocotte très chaude contenant les lardons. Mélangez sur feu doux en y ajoutant le mélange œufs-crème, mais rapidement pour ne pas trop cuire les œufs.
Servez saupoudré de parmesan.

Note
Pour enrichir encore ce plat « à l'italienne », vous pouvez le faire précéder d'un assortiment de charcuterie : jambon de Parme coupé très fin, coppa et mortadella, par exemple.

Bateau
Camping-
Caravaning
Coin du feu

PLAT PRINCIPAL

STEAK MOUTARDE

Pour 4, il faut :
4 beefsteaks,
moutarde forte,
4 lamelles de bacon,
beurre.

Saisissez les steaks (tournedos) sur un côté seulement. Tartinez l'autre de moutarde. Appliquez une lamelle de bacon dessus. Passez sous le grilloir 5 mn sans retourner. Dans un bol, mélangez vivement au fouet 50 g de beurre fondu et tiède avec 1 bonne cuil. à soupe de moutarde. Servez avec les steaks.

Bateau
Camping-
Caravaning
Coin du feu

ENTRÉE CHAUDE

TAGLIATELLES À LA CRÈME ET AU BASILIC

Pour 4, il faut :
250 g de tagliatelles,
1 cuil. à soupe d'huile,
1 ou 2 gousses d'ail,
200 g de crème fraîche,
une douzaine
de feuilles de basilic,
50 g de gruyère
ou parmesan râpé,
sel, poivre.

Préparation et cuisson : 30 mn

1. Portez à ébullition une grande casserole d'eau très salée contenant 1 cuil. d'huile. Jetez-y ensuite les tagliatelles. Laissez bouillir de 10 à 15 mn selon la qualité des pâtes.
2. Pendant ce temps, frottez généreusement d'ail un plat creux destiné à la présentation. Tenez-le au chaud.
Coupez finement les feuilles de basilic.
3. Dès que les tagliatelles sont cuites à point, égouttez-les. Versez-les dans le plat chaud. Mélangez-y aussitôt crème fraîche et basilic. Salez et poivrez.
Présentez à part une coupelle de gruyère ou de parmesan râpé.

Truc
Avec un peu d'huile dans l'eau de cuisson, les pâtes auront moins tendance à déborder.

Bateau
Camping-
Caravaning

ENTRÉE FROIDE

TOMATES BRUXELLOISES

Pour 4, il faut :
4 tomates,
100 g de crevettes décortiquées,
(en boîte ou surgelées),
persil,
sel.

1 tube de mayonnaise.

Préparation : 5 mn

1. Découpez une large rondelle au sommet de chaque tomate, du côté opposé à la tige. Creusez-les avec une cuiller à café, sans abîmer la peau. Salez-les. Retournez-les sur une assiette pour les égoutter.
2. Mélangez les crevettes avec les 3/4 de la mayonnaise. Emplissez-en les tomates. Terminez avec une touche de mayonnaise et un brin de persil.

Bateau
Brunch-Buffet
Camping-Caravaning

TOMATES AU ROQUEFORT

Pour 4, il faut :
4 grosses tomates,
60 g de roquefort,
1 œuf dur,
1 petite branche de céleri,
2 cuil. à soupe de crème fraîche,
feuilles de laitue,
sel, poivre.

Préparation : 15 mn

1. Découpez un couvercle à chaque tomate. Creusez-les. Salez l'intérieur et retournez-les sur une assiette pour les égoutter.
2. Farce : hachez très finement la branche de céleri. Coupez grossièrement l'œuf dur. Râpez le roquefort. Mélangez le tout avec la crème fraîche, pas mal de poivre et très peu de sel. Mettez au frais.
3. Au dernier moment, emplissez les tomates de farce. Présentez sur des feuilles de laitue.

Variantes

Concombre, poivron ou radis hachés conviennent très bien, seuls ou mélangés, pour entourer ces tomates.

Régime : la crème fraîche peut être remplacée par du yaourt ou du fromage blanc lisse et plus onctueux.

Bateau
Brunch-Buffet
Camping-Caravaning

DESSERT

TÔT-FAIT À LA POÊLE

Pour 4, il faut :
3 cuil. à soupe de farine,
60 g de beurre,
1 cuil. à soupe de semoule de blé,
3 cuil. à soupe de sucre,
1/2 paquet de levure chimique,
zeste de citron,
2 œufs,
1/2 verre de lait,
sel.

Préparation et cuisson : 30 mn

1. Travaillez ensemble: farine, semoule, sucre, zeste râpé, 1 pincée de sel, œufs, lait, levure et 40 g de beurre fondu pour obtenir un mélange lisse.
2. Faites chauffer le reste de beurre dans la poêle. Versez la pâte dedans. Couvrez. Laissez cuire, sur feu doux, 10 mn environ d'un côté. Retournez le tôt-fait en le faisant glisser dans une assiette. Retournez l'assiette garnie sur la poêle. Remettez sur le feu. Couvrez et laissez cuire doucement 10 autres minutes. Servez froid avec de la confiture ou de la compote.

Variantes

Du sucre vanillé peut être utilisé à la place du zeste de citron. Je vous déconseille toutefois l'alcool dont l'arôme se volatilise à la cuisson, ou la liqueur qui a tendance à alourdir la pâte.

Cuit dans le four, ce tôt-fait en sera tout aussi réussi ! Il est évident qu'il est inutile de le retourner à mi-cuisson...

Truc

Ce gâteau attachant facilement au fond, il est prudent d'utiliser une poêle à revêtement anti-adhésif.

Bateau
Camping-Caravaning
Pique-nique

Vin d'Alsace

LE BRUNCH
LE BUFFET
CAMPAGNARD

Point commun de ces deux repas : une multitude de plats, petits et grands, préparés à l'avance puis offerts en libre-service afin que chacun puisse prendre ce qu'il veut quand il veut, tout en profitant du plaisir d'être ensemble. « Brunch » est un mot d'argot américain qui commence comme « breakfast » et finit comme « lunch ».

Autrement dit, c'est un repas consommé entre l'heure du petit déjeuner (breakfast) et du déjeuner (lunch)... et qui tient la place des deux. Voilà de quoi plaire aux maîtresses de maison au repos ! Pratique et amusant, le brunch permet des levers tardifs et échelonnés et une grande liberté de mouvement pour toute la famille. Il est donc indiqué pour le temps des loisirs.

Quant au buffet campagnard, il est sans façon, dressé dans le jardin (si le temps le permet), et prend au premier coup d'œil un petit air de terroir très engageant.

Le self-service est roi. C'est dire que la maîtresse de maison nage dans le bonheur... à condition d'avoir tout prévu. Un buffet campagnard réussi, c'est un assortiment de nourritures et de boissons simples, parfois rustiques, toujours pittoresques, harmonisées autour d'un thème simple qui inspirera aussi le décor.

Le buffet campagnard peut être provençal, alsacien, savoyard, normand, breton... ou même exotique. La réussite d'une telle réception réside dans son originalité, alors, n'hésitez pas !

1. Le matériel

Brunch « mondain »

Le principe est celui d'un petit déjeuner à la française, teinté de collation campagnarde et doublé d'un copieux *breakfast* anglo-saxon.

Mais ici, la table sera dressée la veille avec tous les raffinements dont vous pouvez disposer sur les lieux de vos loisirs.

Sur une table d'appoint : groupez les « serveurs électriques » indispensables : grille-pain, cafetière, plaque chauffante, bouilloire (pour le thé), et même mini-four-gril pour les brioches, toasts, œufs au plat, etc.

Le menu de ce brunch sera étudié aussi soigneusement que celui d'un repas de petite réception. Des préparations un peu raffinées pourront être réalisées à l'avance.

Mais restez simple tout de même. Ne retombez pas dans le repas traditionnel, l'effet original du brunch serait complètement manqué.

Quelques suggestions :

- le plat central peut être chaud, mais vite apprêté, car le brunch doit libérer la maîtresse de maison aussi bien que ses invités (exemples : croque-monsieur, omelettes, tartes au fromage, etc.) ;
- proposez toutes les entrées chaudes et froides à base d'œufs, au fromage, au jambon, crêpes farcies. Salades de riz, pâtes. Viandes blanches et volailles. Entremets à la crème ou aux fruits ;
- des fruits en abondance.

Mais évitez :

- les plats trop typés, épicés, à la mayonnaise ;
- les poissons (toutefois, kippers grillés, haddock et saumon fumé sont très bien acceptés dans le *breakfast* anglais) ;
- les entremets alcoolisés.

Couvert

- Serviettes et nappe en papier : très bien !
- Assiettes en carton : bien.
- Gobelets en carton : mauvais. Ils finissent par s'imbiber de liquide et il faut les changer souvent. Si possible, préférez les gobelets en plastique rigide, fins et transparents, ou mieux, de gros verres solides.
- Couverts habituels de préférence. En plastique, ils sont peu pratiques.
- Supprimez les couteaux pour un buffet debout. Mais prévoyez bien sûr, votre menu en conséquence !
  Ainsi, la charcuterie sera disposée, en sandwich, sur des tranches de pain empilées sur la table du buffet. Là des couverts seront disposés pour qu'on puisse se servir.

Parmi les nombreux plats, à votre disposition :

- les salades composées, paella, taboulé, riz cantonnais, rizotto, brandade curry, le poisson à la tahitienne et bien d'autres plats qui se mangent très facilement sans couteau ;
- les pizzas, quiches, tartes et tous les canapés qui se croquent à la main.

2. Préparation et organisation

Assis ou debout

Beaucoup de monde et peu de place : buffet debout. Moins de monde, du temps et de l'espace : buffet assis.
Le buffet assis n'est alors qu'un libre-service où les convives, après s'être servis eux-mêmes, prennent place autour d'une très grande table ou de plusieurs

petites, en toute liberté. Formule sympathique, permettant les arrivées échelonnées. On peut s'asseoir sur des chaises, des bancs, des troncs d'arbres, des poufs, des coussins... ou directement par terre.

Boissons

(Voir aussi chapitre 7)

Pour le brunch, thé et café, bien sûr, sont offerts en abondance. Mais également les jus de fruits fraîchement préparés ou en conserve.

Du vin pour accompagner un brunch tardif, plus proche de la collation campagnarde que du *breakfast* anglo-saxon, avec ses pâtés, charcuteries de pays et fromages.

Sodas, bière et cidre peuvent figurer aussi sur une table de brunch.

Pour un buffet :

- cup au vin blanc, marquise au champagne, cocktails de jus de fruits pour les réunions raffinées, style « garden party » ;
- tous les punches et de la sangria pour les buffets exotiques ;
- tonnelets de vins de pays, cidre et bière pour les buffets simplement campagnards.

Un bon conseil

Servez une seule boisson alcoolisée car certains mélanges peuvent être détonants : bière et vin blanc, par exemple. Prévoyez toujours de l'eau fraîche, des jus de fruits et des sodas.

- La sangria est tout indiquée pour un buffet. Elle met de l'ambiance dès le premier verre. Attention, elle se boit très facilement et monte à la tête sans prévenir. Alors, passé la première tournée, vous pouvez l'allonger plus ou moins largement avec de l'eau gazeuse pour limiter l'exubérance de vos invités et préserver leur bien-être.
- Même remarque pour le punch dont les effets sont rapides et violents. Si vous choisissez le punch — très apprécié pour ouvrir le buffet — limitez, autant que possible, à un verre de punch par tête. Remplacez-le, dès que possible, par des jus d'ananas, d'orange ou de pamplemousse, avec ou sans rhum et de grandes cruches d'eau fraîche avec des glaçons.
- Enfin, pour réchauffer un soir d'été ou de week-end au coin du feu, essayez, brûlot du diable, ratafia de café, vin chaud, irish coffee dont vous trouverez les recettes au chapitre « Boissons ».

Brunch improvisé

Les lève-tard décident au réveil de partir en promenade peu avant l'heure du repas de midi. Improvisez un brunch. Mettez sur la table tout ce qui peut étoffer, sans préparation spéciale, un petit déjeuner courant.

Avec : — œufs à la coque,
au plat + bacon, jambon, en omelette ;
— saucisson, pâté, jambon, viande froide avec cornichons, moutardes variées ;
— fromages ;
— confitures, miel, fruits ;
— thé ou café, jus de fruits, vin et eau ;
— pain de campagne, pain grillé ;
— pizza ;
— beurre.

Café chaud à toute heure

Le café ne supporte ni d'être bu tiède, ni d'être réchauffé, ni surtout de bouillir. Il faut donc le faire à la dernière minute ou, à la rigueur, le tenir au chaud.

- Une cafetière électrique permet de faire rapidement le café, à la demande, sans se déranger de table. De plus, une plaque chauffante incorporée, le garde à bonne température un certain temps.
- Un chauffe-plat électrique peut tenir au chaud plusieurs pots de café à la fois.
- Les bouteilles et carafes isolantes (genre Thermos) conservent la température plusieurs heures. Ébouillantez le récipient avant d'y verser la boisson, très chaude, et bouchez-le immédiatement.
- Un bain-marie sur la cuisinière maintient la cafetière au chaud. Mais c'est, à mon avis d'amateur de café, la solution la moins satisfaisante car le bain-marie risquant de bouillir, l'arôme du café s'altérera à la longue... et, de toute manière, il faudra quitter la table pour aller chercher le café et le remettre au chaud. À moins que vous n'ayez la possibilité de brancher la cafetière électrique à portée de la main.
- Enfin, le micro-ondes réchauffe, tasse par tasse, le café sans dénaturer son goût.

Décor

Jouez des formes et des couleurs pour décorer votre buffet de plein air. La nature est à votre disposition : feuillages, fruits, mousse, souches d'arbres, cailloux et galets. Une présentation soignée est importante. Ce doit être un tableau champêtre, une fête pour l'œil, avant d'être un régal pour l'estomac.

Idées pour buffets à thème

— **Buffet Alsace-Lorraine :** quiches, charcuteries, choucroute, salade de pâtes, salade de fruits au kirsch, clafoutis.
Carré de l'Est, munster et cumin.
Vin blanc d'Alsace ou bière (on trouve dans le commerce des tonnelets de bière).

— **Buffet espagnol :** gazpacho, paella, thon frais à l'espagnole, salade andalouse, glaces.
Boisson : sangria.

— **Buffet des isles :** acras de morue, soupe de poisson, avocats farcis au maïs, cocktail Doudou, rougail de morue, poisson mariné à la tahitienne salade de crabe, cocktail de crevettes aux kiwis, pigeon martiniquaise, ananas, sorbets, gâteau à la noix de coco, salade de fruits exotiques.
Punch, jus de fruits avec ou sans rhum ou vin rosé frais.

— **Buffet oriental :** merguez grillées, salade arabe, couscous, mouton à la marocaine, taboulé, curry, pâtisseries orientales, agrumes.
Vin d'Algérie, thé à la menthe.

— **Buffet provençal :** bouillabaisse, soupe de poisson, croûte à l'ail, olives, tapenade, brandade, pizzas, pan bagnat, ailloli aux pâtes, salade de pâtes au pistou, salade aux chevrotins grillés, ratatouille niçoise froide, pasta fresca, salade niçoise, de riz, de pâtes, fruits confits, glaces, salade de fruits frais.
Fromages : banon de Provence, chèvres, fromages aux herbes.
Vins de Provence.

Proportions pour un buffet traditionnel

Quantités pour 20 à 25
Soit par personne :
— 6 à 8 pièces salées.
— 5 à 6 pièces sucrées.

Aliments salés
80 canapés et bouchées salées.
50 sandwiches.
30 petits pains briochés (très petite taille).
1 pièce de résistance (pas obligatoire).
Pommes chips.

Aliments sucrés
1 kg à 1,5 kg de petits fours secs. 500 g de fruits déguisés ou confits, chocolats.

Au minimum :
Boissons sans alcool :
jus de fruits divers, frais ou en bouteille, thé et café glacés : 3 ou 4 l.

Boissons alcoolisées :
punch, marquise, sangria : 3,5 l ou vin blanc sec, champagne : 6 ou 7 bouteilles.
Pour un buffet de plein air, soyons moins rigoureux. Il s'agit d'avantage de proposer un repas froid sur table où chacun picore ou dévore selon son appétit.

Thé

La boisson la plus pratique à préparer à toute heure et au goût de chacun — sinon la plus appréciée chez nous !
De l'eau juste à ébullition est versée sur le thé. Le temps d'infusion peut être apprécié par l'amateur même. Il y ajoute à volonté sucre, fine rondelle de citron ou lait (toujours froid et non bouilli).
Inutile de dire que le thé ne se réchauffe pas. Il peut être, à la rigueur, tenu au chaud sous un couvre-théière et rallongé avec de l'eau bouillante lorsqu'il est trop noir.

Vide-ordures

Carton, emballage perdu, vieille lessiveuse que vous enjoliverez en l'habillant un peu, sera votre serviteur le plus efficace. Grâce à lui, la remise en état après le départ des invités ne sera plus un cauchemar... il aura tout absorbé au fur et à mesure : gobelets, serviettes, détritus de toutes sortes. Chargez les enfants d'assurer — pour une fois — le service d'ordre !

3. Trucs et recettes minute

Buffet

Préparez des petites bouchées vite faites avec :
- fine tranche de truite, de saumon ou de haddock fumé autour d'une épaisse rondelle de concombre ou de cornichon au sel (à la russe);
- lamelle de jambon cru autour d'un pruneau dénoyauté ;
- petite feuille de laitue enroulant un cube de fromage ;
- fromage frais roulé en boulettes, puis passées dans un hachis de ciboulette, ou dans des graines d'anis, de fenouil, cumin, ou parsemées de poivre concassé, de curry ou de paprika.

Buffet chaud ou froid

Dans la formule « buffet nordique » tout est préparé d'avance, donc froid. Mais quelques pièces chaudes sont agréables pourvu qu'elles soient simples à présenter :

- amuse-gueules réchauffés au four : saucisses chaudes, allumettes au fromage, pizzas, quiches lorraines, croque-monsieur, petits croissants au jambon, feuilletés aux anchois, etc. ;
- une spécialité, plat folklorique élaboré, tenu au chaud, facile à déguster d'une main, peut être la vedette du buffet. Une seule contrainte, tout le monde devra déguster ce plat en même temps afin de manger chaud. Mais ce peut être une bonne chose pour recréer un certain courant entre tous les invités et éviter les petits groupes qui ont tendance à se former dans ce genre de réunion quand les participants sont nombreux ;

Tous les plats froids sont sur la table, de l'entrée au dessert. Mais n'en faites pas trop. Prévenez dès le début, s'il y a lieu, qu'un plat de résistance (plat en sauce facile à tenir au chaud ou à réchauffer sans problème) viendra s'intercaler entre l'entrée et le fromage. Lorsque les hors-d'oeuvre sont terminés, apportez votre plat « vedette ».

Dégustation de fromages

C'est le buffet le plus vite préparé, mais peut être aussi le plus coûteux ! Ne servez rien avant. Pour une fois que vos convives attaquent le plateau de fromages avec appétit, l'estomac vide, laissez-leur le plaisir d'apprécier enfin toutes sortes de fromages.

- Prévoyez trois plateaux rassemblant les fromages par catégorie :
  — doux : fromage blanc, chèvre frais, fromage de Monsieur, chaource, lucullus par exemple ;
  — moyens : brie, camembert, saint-marcellin, cantal, fourme, petits fromages de chèvre ;
  — forts : munster, maroilles, pont l'évêque, livarot, roquefort, bleu des Causses, sainte-maure et autres.
- Piquez un bristol dans chaque fromage indiquant son nom et même sa provenance.
- Numérotez chaque plateau en suggérant la dégustation, du plus doux au plus fort.
- Découpez le fromage de manière à répartir également la croûte entre les diverses parts :
  — en portions, à partir du centre, les fromages ronds, carrés ou pyramidaux ;
  — en deux : les petits fromages de chèvre ;
  — en pointe : le brie ;
  — en biseau : le bleu, le roquefort.

Quelques crudités nature mettront les fromages en valeur sans être aussi bourratives que le pain, indispensable lui aussi : céleri en branches, radis

roses, rondelles de radis noir, de concombre, etc.
Des fruits secs : noix, amandes, noisettes, raisins pour accompagner les fromages de chèvre frais, les fromages fermiers et blancs.
Les fromages frais s'accommodent très bien de crème, d'estragon, de ciboulette, de petits oignons et d'épices (voir recette p. 251).
Une salade verte, accompagnée de quelques charcuteries, de fruits, de pain, de beurre et surtout de bon vin, suffira amplement pour conclure cette fromage-party.
(Voir aussi « Fromages à cuisiner » chapitre « Coin du feu ».)

Hérisson

Principe : amuse-gueules piqués sur des bâtonnets et plantés, côte à côte dans un support demi-sphérique, offrant l'aspect d'un hérisson.
But : décoratif et pratique.
Fabrication : dans un demi-pamplemousse posé sur une soucoupe, piquez, à l'aide de petits bâtonnets spéciaux, des olives vertes et noires, des cubes de gruyère, de cantal, de hollande, de jambon cuit, des demi-noix, des radis, des croquettes de roquefort, de façon à évoquer les piquants du hérisson.
Vous pouvez habiller de la même façon un chou rouge dont vous aurez retiré les vilaines feuilles, ou même un potiron. Ces pièces importantes font une belle et originale garniture.

Poissons fumés

Somptueux comme le saumon ou modeste comme le hareng, le poisson fumé est un bon atout pour un buffet. Les anguilles fumées sont coupées en épaisses rondelles, après avoir été dépouillées. Truites et maquereaux se séparent facilement en filets.

Décorez avec :
— quartiers ou rondelles de pommes-fruits, tomates, citron, concombre, betterave, kiwis ;
— salade d'œufs durs ;
— olives noires et vertes ;
— petits bouquets de persil ;
— gros cornichons au sel ;
— céleri en branches cru ;
— feuilles de laitue ;
— radis nature ou en salade.

Accompagnez avec :
— blinis ;
— crème fraîche ;
— mayonnaise à la moutarde, aux fines herbes ou à l'aneth ;
— horseradish sauce ;
— pickles à la moutarde ;
— pain grillé tartiné de beurre salé ;
— tarama.

Buvez : vodka, akvavit, vin blanc sec ou bière.

Une suggestion

Le plateau des mers du Nord.
Il est composé de : rollmops, filets de harengs à la danoise et préparations de harengs en boîte. Anguille, truite, maquereaux, sprats, saumon fumé, œufs de poissons fumés sur demi-œufs durs ou sur canapés. Crudités. Salade de pommes de terre aux oignons et pommes fruits, parsemée d'aneth (ou de fines fanes de fenouil frais).

Salades

- Pour obtenir une salade fraîche et craquante, même préparée un moment à l'avance, la vinaigrette est délayée dans le fond du saladier, les couverts à salade en croix dedans et la salade bien égouttée dessus. Il ne faut pas la mélanger ni laisser une feuille tremper dans la vinaigrette. Enfin, le saladier, qui aura été couvert d'une feuille d'aluminium est mis dans le réfrigérateur jusqu'au moment du repas.
- Pour ailler la salade sans en avoir l'air : faites du « sel d'ail » en pilant très finement de l'ail avec autant de sel qu'il peut en absorber. Vous pouvez conserver ce sel d'ail plusieurs jours au froid, bien couvert.
- Pour personnaliser vos vinaigrettes, ajoutez-y :
  — du curry, 1 ou 2 pincées ;
  — quelques rondelles d'oignon, un moment avant le repas. Retirez-les au moment de servir... ou laissez-les ;
  — du jus d'orange. Diminuez la quantité de vinaigre de moitié et complétez avec du jus d'orange. Salez et poivrez comme d'habitude. Cette vinaigrette convient surtout aux salades tendres : laitue, romaine, ainsi qu'aux tomates.

Salades composées

Osez des associations inhabituelles. Je vous propose un choix de salades composées dans le tableau ci-contre. N'hésitez pas à les essayer pour la surprise et le plaisir de tous.

Deux suggestions de salades composées

- Pour chaque convive, disposez, dans une très grande assiette, un assortiment de radis, artichaut poivrade, carottes râpées, poivron et tomate, salade verte, concombre, anchois, olives, cœur de céleri-branche haché ; au centre, un œuf dur ou farci au thon. Vinaigrette abondante sur les crudités pour les imprégner, 1/4 d'heure à l'avance. Les assiettes seront remises au froid jusqu'au repas.

Salades composées

	Ajoutez au choix	Assaisonnement
BATAVIA **LAITUE** **ROMAINE**	Céleri, œufs durs Gruyère, avocat, crevettes Orange, noix Orange, raisin, banane Pamplemousse	Vinaigrette ou crème fraîche + citron, ciboulette, cerfeuil, estragon
CORNETTE **SCAROLE**	Céleri, pommes, piment doux Céleri-rave, betterave Poires, pommes de terre, céleri	Vinaigrette ou vinaigrette + muscade râpée, ail, échalote
CRESSON	Avocat Chou-fleur Haricots-grains Pommes de terre, œufs durs	Vinaigrette ou vinaigrette + échalote
ENDIVES	Betterave, céleri, jambon, pommes Betterave, pommes fruits Céleri, pommes Champignons crus, reste volaille Filets de hareng (dés) Œufs durs	Vinaigrette ou vinaigrette + moutarde, persil, cerfeuil, ail
FRISÉE **TRÉVISE**	Avocat, crevettes Chevrotin grillé chaud Croûtons (ail ou tartinés crème anchois) Magrets de canard (fumés ou poivrés) Pommes fruits Pommes, noix Pommes, raisin Thon à l'huile Tomates, œufs durs	Vinaigrette + moutarde, ail, échalote

Salades composées (suite)

	Ajoutez au choix	Assaisonnement
MÂCHE	Céleri, betterave Écrevisses Foie gras Noix	Vinaigrette + échalote
MESCLUN	Croûtons aillés imbibés d'huile d'olive	Vinaigrette à l'huile d'olive
PISSENLIT	Chevrotin grillé chaud Lardons sautés chauds Pommes de terre Tranches de magret de canard fumés	Vinaigrette

- Disposez au centre d'un très grand plateau :
  — dôme de riz créole (cuit 17 mn à l'eau) largement assaisonné de vinaigrette à l'avance.

  Tout autour :
  — avocats et pamplemousses nature ou farcis* ;
  — cœurs de palmier ;
  — fonds d'artichauts ;
  — salade de laitue composée ;
  — salade de poulet.

* Farce pour avocat ou pamplemousse
Mélangez : moutarde forte, ketchup, gousse d'ail écrasée, huile, jus de citron, sel, poivre, cayenne (ou tabasco), crabe ou crevettes. Laissez macérer 1/2 h. Citronnez l'avocat aussitôt coupé, sinon il noircirait rapidement.

ENTRÉE CHAUDE

ACRAS DE MORUE

Ils ouvrent l'appétit et emportent la bouche. C'est pour cela qu'il faut les servir, comme aux Antilles, avec un « punch » bien glacé, juste avant le repas.

Pour 6, il faut :
300 g
de filets de morue,
2 gousses d'ail,
2 piments enragés,
ciboulette,
persil haché,
un peu de sel,
poivre de Cayenne.

Pâte à beignets :
200 g de farine,
1 œuf + 2 blancs d'œufs,
1 verre de bière,
sel.

Bain de friture.
Batteur électrique.

Préparation et cuisson : 40 mn
+ dessaler la veille

1. La veille : faites dessaler les filets de morue dans beaucoup d'eau froide.
2. Le jour même : égouttez, essuyez la morue et passez-la finement à la moulinette. Mélangez avec l'ail et les piments pilés, ciboulette et persil hachés, sel et 2 ou 3 pincées de cayenne.
3. Pâte à beignets : avec un batteur électrique, travaillez ensemble : farine, 1/4 de cuil. à café de sel, l'œuf entier et 1 verre à moutarde de bière pour obtenir une pâte lisse et assez épaisse. Battez les 2 blancs d'œufs en neige très ferme. Incorporez-les délicatement à la pâte.
4. Faites des boulettes de la grosseur d'une bille. Plongez-les dans la pâte à beignets à l'aide d'une cuiller à café, puis jetez-les aussitôt dans la friture moyennement chaude (170 °C). Égouttez les acras dès qu'ils remontent à la surface, dorés comme des beignets. Égouttez-les sur du papier absorbant. Servez-les brûlants avec des piques à cocktail. Présentez avec du punch.

Brunch-Buffet
Coin du feu

ANCHOÏADE

Pour 4 à 6, il faut :
15 à 18 filets d'anchois au sel, (à défaut, 2 tubes de crème d'anchois),
8 ou 10 olives noires,
3 gousses d'ail,
3 verres d'huile d'olive,
1 cuil. à soupe de vinaigre (ou de citron),
poivre.

Crudités :
4 à 6 tomates très fermes,
1 concombre et 3 carottes en tronçons,
1 fenouil-bulbe,
1 pied de céleri-branche,
1 poivron vert ou rouge en anneaux,
4 à 6 petits artichauts violets coupés en 4,
4 à 6 courgettes.

Brunch-Buffet
Bateau
Camping-Caravaning

Préparation : 45 mn

1. Pilez ensemble le plus finement possible les gousses d'ail et les anchois préalablement dessalés et dont vous aurez détaché l'arête. Incorporez peu à peu l'huile d'olive pour obtenir une sauce onctueuse.
Ajoutez enfin vinaigre et poivre.
2. Répartissez cette sauce anchoïade dans de petites coupelles (une par convive).
3. Épluchez et lavez les crudités variées. Disposez-les sur un très grand plat ou sur une vannerie, au centre de la table.
Devant chaque convive, une assiette et une coupelle de sauce où chacun trempera des tronçons de légumes selon son bon vouloir.
Des tranches de pain, grillées ou non, sont également indispensables.

ASPICS DE LÉGUMES

Pour 6, il faut :
1 boîte moyenne de macédoine de légumes,
1 sachet ou 1 boîte de gelée,
1 citron,
quelques feuilles de laitue,
sel, poivre.

6 ramequins (porcelaine ou verre).

Préparation : 10 mn
+ 30 mn au réfrigérateur

1. Égouttez la macédoine avec soin. Pressez-la légèrement dans du papier absorbant.
2. Préparez la gelée selon le mode d'emploi. Ajoutez-y, en plus, 1 cuil. à soupe de jus de citron, du sel et du poivre. Versez-en 1/2 cm au fond des ramequins. Faites-la voyager sur les parois. Mettez 5 mn dans le réfrigérateur.
3. La couche de gelée étant durcie, emplissez les ramequins de macédoine. Versez le reste de gelée liquide dessus. Laissez prendre au réfrigérateur (30 mn au minimum).
Présentez les aspics démoulés sur des feuilles de laitue. Vous pouvez les démouler d'avance mais remettez-les au réfrigérateur jusqu'au moment de servir, sinon la gelée ramollirait.

Variante
Pour un plat plus riche, mélangez à la macédoine des crevettes décortiquées ou du crabe. Relevez bien avec quelques gouttes de Tabasco ou pincées de cayenne.

Note
Vous trouverez également de la gelée toute prête chez le charcutier. Il suffira de la faire fondre sur feu doux et de l'aromatiser selon votre goût avant de l'utiliser comme indiqué dans la recette.

AVOCATS FARCIS AU MAÏS

Pour 4, il faut :
1 boîte
de maïs en grains,
2 avocats bien mûrs,
1 bol de mayonnaise
(ou 1 grand tube),
jus d'1 citron,
quelques gouttes
de Tabasco
ou pincées de cayenne,
sel, poivre.

Quelques feuilles
de laitue,
4 olives.

Préparation : 15 mn

1. Coupez les avocats en 2. Creusez-les jusqu'à la peau dure, à l'aide d'une cuiller à café, pour obtenir de petits dés. Mettez dans un bol. Ajoutez sel, poivre, Tabasco et le jus du citron afin d'éviter le noircissement de la chair. Gardez au réfrigérateur.
2. Égouttez le maïs. Épongez-le avec du papier absorbant pour l'assécher le mieux possible. Mélangez délicatement avec la mayonnaise et les dés d'avocats. Emplissez-en les coques d'avocats vides, en formant un dôme surmonté d'une olive. Présentez sur des feuilles de laitue.

Variante
Le maïs peut être remplacé par de la macédoine de légumes qui s'accommodera bien de ciboulette hachée ou d'une pointe d'ail également hachée.

Brunch-Buffet
Bateau
Camping-
Caravaning

BLINIS

Les blinis sont de très petites crêpes épaisses dont les Russes accompagnent certains de leurs mets.
Ainsi le caviar, les œufs de poissons fumés, le saumon, et autres poissons fumés, sont soutenus par d'innombrables blinis moelleux arrosés de beurre fondu ou de crème fraîche.
Des petits verres de vodka, non moins innombrables, sont de rigueur, pour faire « passer » !
Et si vous servez les blinis au dessert, dégustez-les avec du fromage blanc sucré ou de la gelée de groseilles.

Pour une vingtaine de petites crêpes épaisses, il faut :
325 g de farine,
2 verres de lait,
3 œufs,
1/2 cuil. à café de sel,
huile pour cuisson.

Levain :
20 g de levure de boulanger,
1 verre de lait,
1 cuil. à soupe de farine.

1 petite poêle spéciale de 10 cm de Ø.

Brunch-Buffet
Coin du feu

1. Levain : dans un bol, délayez la levure émiettée avec 1 verre de lait tiède et 1 cuil. à soupe de farine. Laissez gonfler 1/2 h dans un endroit tiède.
2. Au bout de ce temps, versez la farine dans une très grande terrine avec sel et jaunes d'œufs, le levain au centre. Mélangez avec une cuiller en bois en incorporant le lait, peu à peu. Quand la pâte est homogène, couvrez la terrine avec une serviette et rangez-la au chaud, à l'abri des courants d'air. Laissez lever la pâte quelques heures.
3. Juste avant la cuisson, battez les blancs d'œufs en neige. Incorporez-les à la pâte à crêpes assez épaisse.
4. Cuisson : faites bien chauffer la petite poêle. Graissez-la avec un tampon de papier absorbant imbibé d'huile, avant d'y verser 2 bonnes cuil. à soupe de pâte. Laissez cuire d'un côté à feu assez doux. Retournez.

BLINIS (suite)

Laissez cuire doucement du deuxième côté (les blinis, assez épais, ne doivent pas rissoler mais rester assez blonds).
Les blinis sont servis tièdes : tenez-les au chaud, entre deux assiettes posées sur une casserole d'eau bouillante, ou au four doux dans une feuille d'aluminium bien refermée.

Note
Il existe des blinis tout préparés, vendus frais ou surgelés, par sachet de 2 ou 4. Il suffit de les faire réchauffer dans le four, ou à la poêle avec un peu de beurre.

Trucs
Vous pouvez garder la pâte au réfrigérateur pour ne la cuire que le lendemain. La fermentation est interrompue momentanément par un froid modéré.

Utilisez une (ou mieux deux) très petites poêles. Les blinis une fois cuits, sont épais d'1/2 cm.

Des blinis moelleux et légers : commencez la pâte 6 h au moins à l'avance car elle doit avoir le temps de lever. Quand elle est mousseuse, elle est prête à cuire.
Cuisez les blinis à feu doux sans les rissoler. Ils restent blonds et très moelleux.

Congélation : les blinis cuits se congèlent très bien. Mais intercalez entre chacun une feuille de papier sulfurisé (ou d'aluminium, moins pratique) pour les décoller facilement les uns des autres.
Au moment de les utiliser, mettez-les, encore congelés, dans le four ou dans la poêle.

CANAPÉS D'ANCHOIS

Pour 20 canapés triangulaires, il faut :
10 tranches de pain de mie carré coupées en diagonale,
20 filets d'anchois,
75 g de beurre,
4 œufs durs,
fines herbes hachées,
poivre.

Malaxez le beurre avec poivre et fines herbes hachées finement. Étalez sur le pain. Disposez dessus en grille les filets d'anchois coupés. Comblez les espaces vides avec du blanc et jaune d'œuf dur hachés séparément.

Brunch-Buffet
Bateau
Camping-Caravaning

ENTRÉE FROIDE

CANAPÉS À BASE D'ANCHOIS

Pour 20 canapés triangulaires, il faut : 10 tranches de pain de mie carré coupées en diagonale.

CANAPÉS MARGUERITE
10 filets d'anchois, 50 g de beurre, 2 œufs durs, 4 ou 6 cornichons en rondelles.

Beurrez le pain. Coupez les œufs durs en 10 rondelles. Pour obtenir une marguerite, déposez dans un angle une rondelle d'œuf dur. Hachurez le pourtour pour simuler les pétales ; 1 filet d'anchois pour la tige et quelques rondelles de cornichon le long de la tige pour les feuilles.

CANAPÉS MIREILLE
20 filets d'anchois, 75 g de beurre, 1 ou 2 cuil. à soupe de moutarde forte, 3 ou 4 cornichons.

Travaillez le beurre avec la moutarde forte. Tartinez-en le pain. Au centre de chaque canapé, déposez un filet d'anchois enroulé en spirale autour d'une rondelle de cornichon.

Brunch-Buffet
Bateau
Camping-Caravaning

CANAPÉS AU TARAMA

Pour 20 canapés, il faut :
100 g d'œufs de cabillaud,
1/4 l d'huile,
1 ou 2 citrons,
1 biscotte,
poivre.

Préparation : 15 mn

1. Écrasez la biscotte, à la fourchette, dans une terrine profonde avec le jus de citron et les œufs de poisson.
2. Puis, ajoutez l'huile peu à peu, comme pour une mayonnaise, tout en tournant régulièrement avec une cuiller en bois ou un batteur électrique. Poivrez mais ne salez pas du tout.
3. Étalez sur des tranches de pain de mie préalablement séchées au four ou au toaster.

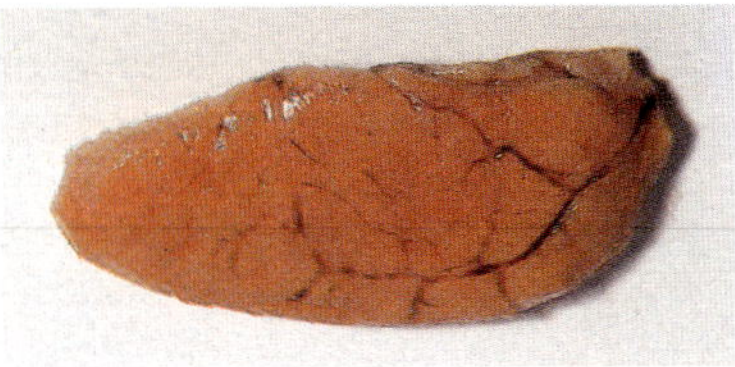

Variantes

La biscotte peut éventuellement être remplacée par 1 ou 2 tranches de pain de mie (sans la croûte) humectées d'eau et réduites en pâte, avant d'être ajoutée aux autres éléments de la recette. Un petit oignon haché en relèvera le goût.

Cette crème peut être servie en hors-d'œuvre. Dans ce cas, disposez-la dans un ravier et décorez-la d'olives noires dénoyautées et de fines rondelles de citron.

Brunch-Buffet
Bateau
Camping-Caravaning

CLAFOUTIS

Pour 4, il faut :
2 cuil. à soupe bombées de farine,
4 cuil. à soupe de sucre,
3 œufs,
25 g de beurre + 10 g pour le moule,
2 verres de lait tiède,
500 g de cerises non dénoyautées (ou autres fruits : abricots, poires ou pommes pelées),
2 pincées de sel.

1 plat à feu moyen.

Préparation et cuisson : 1 h

1. Mélangez au batteur électrique : farine, sucre, sel, œufs, beurre fondu et lait tiède, pour obtenir une pâte lisse et liquide.
2. Beurrez le plat de cuisson. Disposez dedans les cerises non dénoyautées. Versez la pâte dessus.
3. Glissez à mi-hauteur du four chaud (th. 6-7) pendant 45 mn environ.
4. Servez tiède ou froid, dans le plat de cuisson. Vous pouvez parsemer le clafoutis de sucre en poudre avant de le présenter.

Notes

Le clafoutis classique se fait avec des cerises noires mais il est également très bon avec des cerises aigres, dites « Montmorency ». C'est aussi une façon d'employer les fruits, souvent bon marché pendant les beaux jours, tels que poires et pommes (pelées), abricots et prunes.

Si vous avez de jeunes enfants, vous préférerez sans doute dénoyauter les fruits. Cependant, je trouve que les cerises avec les noyaux donnent au clafoutis une saveur incomparable.

Brunch-Buffet
Coin du feu
Pique-nique

ENTRÉE FROIDE

COCKTAIL DE CREVETTES AUX KIWIS

Pour 8, il faut :
500 g de crevettes décortiquées,
8 crevettes-bouquets,
1 cuil. à soupe de cognac,
2 cuil. de crème fraîche,
ciboulette,
feuilles de laitue,
1 avocat,
2 kiwis,
1/2 citron,
mayonnaise toute préparée,
3 pincées de poivre de Cayenne.

Préparation : 15 mn

1. Laissez macérer les crevettes avec le cognac, pendant 10 mn.
2. Mélangez 1 tasse de mayonnaise avec : crème fraîche, ciboulette, 3 pincées de cayenne. Incorporez, délicatement, aux crevettes.
3. Lavez et séchez la salade avec un torchon. Roulez plusieurs feuilles sur elles-mêmes et tranchez-les en fines lanières.
4. Pelez et dénoyautez l'avocat. Coupez-le en dés. Citronnez-les aussitôt.
5. Superposez dans des verres : laitue, crevettes-mayonnaise, dés d'avocat et laitue.
6. Pelez la fine peau des kiwis. Tranchez-les en minces rondelles. Disposez-les, en couronne, à la surface des cocktails. Aspergez de citron et mettez au réfrigérateur jusqu'au moment de servir.

Truc
Le mélange crevettes-mayonnaise peut être préparé d'avance et mis au frais. C'est encore meilleur !

Brunch-Buffet
Camping-Caravaning

COCKTAIL DOUDOU

Pour 4, il faut :
1 boîte de crabe,
30 g de beurre,
1 tranche de jambon cuit,
1 poivron doux
(frais ou en boîte),
1 verre de riz,
bouquet garni,
1 cuil. à café de curry,
1 tube de mayonnaise,
2 pincées de cayenne,
sel, poivre.

Décor :
olives ou citron.

Préparation et cuisson : 30 mn

1. Cuisson du riz : lavez 1 verre de riz. Faites-le revenir légèrement avec 2 noix de beurre. Ajoutez-y 2 verres d'eau, sel, poivre, curry, bouquet garni. Laissez cuire, à feu doux, de 17 à 20 mn, couvert. Laissez refroidir complètement.
2. Épépinez le poivron. Tranchez-le en lanières. Coupez également le jambon finement.
3. Disposez le riz dans 4 coupes, puis par couches : crabe, poivron et jambon. Recouvrez le tout de mayonnaise. Garnissez chaque coupe d'une olive ou d'1/2 rondelle de citron.

Brunch-Buffet
Bateau
Camping-
Caravaning

COLE SLAW (salade de chou cru à l'américaine)

Pour 6 à 8, il faut :
un cœur de chou blanc (800 g environ),
vinaigre, 1 oignon,
2 branches de céleri,
1 poivron vert doux,
1 poivron rouge doux.

Sauce :
1/2 ou 1 cuil. à soupe de sucre en poudre,
1/2 cuil. à café de moutarde forte,
2 cuil. à soupe de jus de citron,
1 ou 2 cuil. à soupe de vinaigre,
100 g de crème fraîche,
sel, poivre.

Préparation : 30 mn
+ 1 h au réfrigérateur

1. Nettoyez le chou : retirez-en les feuilles extérieures, trognon et grosses côtes. Lavez à l'eau vinaigrée. Coupez le chou en quatre. Sur une planche, tranchez-le, en fines lanières, à l'aide d'un grand couteau. Mettez dans un saladier avec l'oignon et le céleri hachés.
2. Lavez et coupez les poivrons. Retirez-en les graines. Hachez finement la chair. Ajoutez-la au contenu du saladier.
3. Sauce : mélanger sucre en poudre, moutarde, jus de citron, vinaigre et crème fraîche. Salez et poivrez. Versez sur la salade. Mettez au frais 1 h ou 2. Mélangez bien avant de servir.

Brunch-Buffet
Bateau
Camping-Caravaning

COULIS DE FRUITS ROUGES

Pour 250 g
de fruits équeutés
(fraises ou framboises),
il faut :
150 g de sucre
en poudre,
jus d'1 citron.

Mixer
ou presse-légumes,
batteur électrique.

Pas de cuisson
Préparation : 10 mn

1. Lavez et épongez bien les fruits.
2. Mettez-les dans le bol du mixer avec le sucre et le jus de citron. Mixez pendant 1 mn pour obtenir un mélange très onctueux. Passez au tamis fin métallique, passe-thé par exemple, pour éliminer les pépins.
Vous pouvez conserver ce coulis dans une boîte plastique hermétique, au réfrigérateur, pendant 3 à 4 jours.

Notes

À défaut de mixer, un presse-légumes fera l'affaire pour réduire les fruits en purée. Passez-les pour éliminer les pépins, puis mélangez-les avec sucre et jus de citron en fouettant 1 ou 2 mn avec un batteur électrique.

Le coulis de fruits accompagne bien des desserts : pêches fraîches ou au sirop, fromage frais, riz au lait. Il donne un petit air « maison » aux crèmes glacées du commerce.

Brunch-Buffet
Coin du feu

CRÈME AU CAFÉ

Pour 4, il faut :
1/2 l de lait,
2 ou 3 jaunes d'œufs très frais,
4 cuil. à soupe très pleines de sucre,
1 cuil. à café de fécule de pommes de terre,
1 cuil. à soupe de café soluble,
1 très petite pincée de sel.

Préparation et cuisson : 20 mn
+ 2 à 3 h au réfrigérateur

1. Faites bouillir 1/2 l de lait avec une pincée de sel.
2. Mettez les jaunes d'œufs dans une terrine avec le sucre, le café soluble et la fécule. Travaillez le tout avec une cuiller en bois jusqu'à ce que le mélange mousse légèrement. Incorporez-y, peu à peu, le lait bouillant.
3. Reversez dans la casserole. Reportez-la sur feu doux, sans cesser de mélanger, jusqu'à ce que la crème prenne un peu de consistance et enrobe la cuiller. Retirez du feu avant l'ébullition, sinon la crème tournerait. Servez très froid.

Truc
Cette crème au café est économique et facile à réussir. Mais vous pouvez la rendre plus fine — et plus délicate à préparer — en supprimant la fécule et en augmentant, obligatoirement, le nombre de jaunes d'œufs jusqu'à 4 ou 5.

Brunch-Buffet
Bateau
Camping-Caravaning
Coin du feu

CROQUE-MOUSSELINE

Pour 6, il faut :
6 brioches à tête,
75 g de roquefort,
50 g de fromage blanc,
2 cuil. à soupe de lait,
2 cuil. à soupe
de crème fraîche,
1 pincée
de poivre de Cayenne,
poivre.

Préparation : 15 mn

1. Étêtez les brioches. Creusez l'intérieur pour ne laisser qu'une fine croûte.
2. Écrasez finement le roquefort. Mélangez-le avec le fromage blanc et 1 cuil. de lait (ou d'eau) pour obtenir un mélange lisse et assez consistant. Poivrez au cayenne si vous aimez.
3. Préparez un peu de crème fouettée : ajoutez 1 ou 2 cuil. de lait (ou d'eau) à la crème fraîche pour la rendre plus fluide. Battez-la en mousse avec un fouet (2 mn pas plus). Répartissez au fond des brioches. Déposez dessus la préparation au roquefort. Recouvrez-les de leur chapeau pour les présenter à table.

Variante
La crème fouettée en bombe, vendue dans les rayons frais des crémiers et des supermarchés.

Truc
De la crème fouettée sans problème : la crème fraîche doit être aussi liquide qu'une crème anglaise. N'hésitez pas à l'allonger d'eau ou de lait, comme conseillé dans la recette. Veillez aussi à ce qu'elle soit très froide.

Brunch-Buffet
Camping-Caravaning

ENTRÉE CHAUDE

CROÛTE À L'AIL
(à croquer en plein air)

Il faut :
1 pain de mie de 750 g,
250 g de beurre,
3 gousses d'ail.

Papier d'aluminium,
1 couteau-scie.

Préparation et cuisson : 45 mn

1. Tranchez la croûte mince sur toutes les faces du pain.
2. Entaillez-le en longueur, par deux fois, très profondément mais pas jusqu'au bout pour ne pas détacher les tranches à la base.
3. Puis, entaillez en largeur pour obtenir des bâtonnets égaux, tous attachés par la base.
4. Arrosez généreusement le dessus et les côtés du pain avec du beurre très doucement mijoté avec l'ail haché pendant 2 ou 3 mn.
5. Tordez le pain en arceau.
6. Intercalez des morceaux de papier d'aluminium pour maintenir les morceaux écartés. Vous ne les retirerez qu'après cuisson. Déposez dans la plaque creuse du four. Glissez dans le four chaud jusqu'à ce que le pain soit doré, croquant (25 mn environ, th. 6-7).

Brunch-Buffet
Coin du feu

DESSERT

DÉLICIEUX AUX POIRES

Pour 8, il faut :
1 boîte 4/4
de poires au sirop,
1/2 l de lait,
4 œufs,
6 cuil. à soupe
très pleines de sucre,
1 sachet de sucre vanillé,
2 pincées de sel,
8 ou 10 biscuits
à la cuiller,
2 cuil. à soupe
de liqueur (Bénédictine
ou Cointreau),
25 g de beurre.

Moule à soufflé
de 20 cm de Ø.

Préparation et cuisson : 1 h
+ quelques heures au réfrigérateur

1. Égouttez les demi-poires. Disposez-les en étoile, au fond du moule, sur la face coupée, côté queue au centre.
2. Humectez les biscuits avec la liqueur de votre choix. Posez-les sur les poires.
3. Faites chauffer le lait avec 2 pincées de sel, sucre et sucre vanillé. Hors du feu, incorporez le lait bouillant aux œufs battus en omelette, en fouettant sans arrêt. Versez-en la moitié seulement dans le moule. Appuyez sur les biscuits pour les noyer. Quand ils sont un peu imbibés, ajoutez le reste de crème. Parsemez de noix de beurre. Mettez à four chaud (th. 7-8) au bain-marie (lèchefrite avec un peu d'eau) pendant 45 mn. Couvrez d'une feuille de papier d'aluminium si la surface colore trop vite. Laissez refroidir complètement avant de démouler.

Truc
C'est de la liqueur qu'il faut utiliser pour parfumer un entremets nécessitant une cuisson. Et non de l'alcool dont le parfum volatil disparaîtrait en grande partie pendant la cuisson. Réservez les alcools pour les salades de fruits ou pour flamber les crêpes.

Brunch-Buffet
Coin du feu

ENTRÉE FROIDE

DIABLOTINS

Pour 4, il faut :
125 g de roquefort,
125 g de beurre,
50 g de parmesan
ou de gruyère râpé,
50 g de crème fraîche,
1 cuil. à soupe
de fines herbes hachées,
1 cuil. à soupe
de céleri-branche haché,
paprika,
sel, poivre de Cayenne.

Piques.

Préparation : 15 mn

1. Pétrissez ensemble roquefort, beurre ramolli, crème fraîche, fines herbes et céleri hachés, sel, 1 pincée de poivre de Cayenne.
2. Formez des boulettes de la grosseur d'une noix. Roulez-les dans le parmesan râpé et saupoudrez-les de paprika. Piquez chaque boulette à l'extrémité d'une pique et disposez-les dans un ravier ou piquez-les en hérisson sur un pamplemousse.

Note
Conseillé aussi pour l'apéritif.

Brunch-Buffet
Bateau
Camping-
Caravaning

ENTRÉE FROIDE

LANGOUSTES À LA PARISIENNE (queues)

Pour 6, il faut :
1 boîte de macédoine de légumes,
1 boîte ou 1 sachet de fumet de poissons,
3 belles queues de langoustes surgelées (crues),
1 bol de mayonnaise.

Garniture :
3 œufs durs,
laitue,
2 ou 3 tomates.

Préparation et cuisson : 30 mn
+ 1 h d'attente
+ temps de décongélation

1. Laissez dégeler les langoustes 1 ou 2 h à la température de la pièce. Mettez la macédoine à égoutter. Vous terminerez de l'assécher sur un torchon.
2. Cuisson des langoustes surgelées : portez à ébullition le fumet de poisson. Puis plongez les queues de langoustes dégelées dedans. Faites bouillir très doucement 8 mn. Retirez du feu. Laissez refroidir complètement dans le fumet.
3. Mélangez la macédoine parfaitement égouttée avec la mayonnaise bien épicée.
4. Brisez proprement la carapace des queues de langoustes en l'ouvrant en deux sans entamer la chair. Coupez celle-ci en rondelles. Garnissez les carapaces d'un lit de feuilles de laitue, quartiers de tomates et macédoine à la mayonnaise.

Note
Il n'est pas toujours facile de découper les queues de langoustes sans abîmer les carapaces. Si elles ne sont pas présentables, utilisez des coupelles ou des coquilles Saint-Jacques pour y disposer macédoine et rondelles de langoustes.

Truc
Même si vous utilisez de la mayonnaise toute préparée, vous pouvez en relever l'assaisonnement avec un peu de ketchup ou de purée de piment (chinoise, de préférence).

Brunch-Buffet
Coin du feu

ENTRÉE FROIDE

LÉGUMES À LA GRECQUE

Non ! Les champignons «à la grecque» ne doivent rien aux cuisiniers grecs. Ce type de préparation — indispensable à tout chariot de hors-d'œuvre digne de ce nom — appartient à la cuisine française traditionnelle. Il convient aussi bien aux oignons, artichauts, fenouils, chou-fleur qu'aux champignons de Paris.

10 petits oignons,
1 gousse d'ail,
2 citrons,
1 verre de vin blanc sec,
1/2 verre d'huile,
12 graines de coriandre,
6 grains de poivre,
1 brin de fenouil,
bouquet garni,
1/2 verre d'eau.

Formule de la grecque :
Faites bouillir doucement 15 mn.
Puis ajoutez le légume choisi. Laissez cuire le temps indiqué sur la liste ci-après.

ARTICHAUTS
(10-12 fonds frais)
Coupés en 4 ou 8, débarrassés des feuilles et du foin, citronnés au fur et à mesure pour éviter le noircissement.
Cuisson dans la grecque : 30 mn

(cœurs, en boîte)
Entiers dans la grecque.
Cuisson : 5 mn

BETTES
(1 kg)
Tiges effeuillées. Puis pelées à l'économe, coupées en tronçons de 1 cm, mises à l'eau bouillante 2 mn et égouttées.
Cuisson dans la grecque : 45 mn

CHAMPIGNONS
(500 g)
Nettoyés (mais non épluchés), entiers ou s'ils sont gros, coupés en 4.
Cuisson dans la grecque : 6 ou 8 mn

Brunch-Buffet
Coin du feu

LÉGUMES À LA GRECQUE (suite)

CHOU-FLEUR
(1 petit)
En petits bouquets, 5 mn à l'eau bouillante. Égouttés.
Cuisson dans la grecque : 10 mn

FENOUIL
(4 bulbes)
Grattés à l'économe, coupés en 4, plongés 10 mn dans l'eau bouillante, égouttés.
Cuisson dans la grecque : 45 mn

OIGNONS
(petits)
(400 g)
Épluchés, entiers. Si les petits oignons sont anciens, ébouillantez-les quelques minutes avant de les cuire dans la grecque.
Cuisson : 15 mn

Variante
Ajoutez 1 cuil. à soupe de tomate concentrée à la « grecque » classique (ou 300 g de tomates fraîches) et vous obtiendrez la grecque tomatée qui est utilisée couramment par les traiteurs.

MAYONNAISE

Mayonnaise-maison ou mayonnaise en tube, elle est présente à tous les pique-niques, buffets de plein air ou repas au jardin. Elle n'est pas bien difficile à réussir.

Pour 4, il faut :
1 jaune d'œuf,
1/4 l d'huile,
1 cuil. à café de moutarde forte,
1 cuil. à café de vinaigre,
sel, poivre.

Mayonnaise traditionnelle

(à la main)

1. Tous les éléments sont à la même température. Dans un bol, mélangez bien avec un fouet : jaune d'œuf, sel, poivre, moutarde.
2. Quand le mélange est bien lisse, ajoutez-y l'huile presque goutte à goutte.
3. La sauce commence à prendre, versez alors l'huile plus abondamment. Tournez sans arrêt, mais sans précipitation, pendant toute la durée de la préparation.
4. À la fin, ajoutez le vinaigre. La sauce tiendra mieux.
5. Quand la mayonnaise très ferme devient difficile à tourner, c'est que le jaune d'œuf a absorbé la quantité d'huile maximum. Si on lui en ajoute davantage, l'émulsion risque de « casser » et la mayonnaise tournera.

Mayonnaise rapide

(au mixer)

Elle se fait avec l'œuf entier — blanc et jaune — et les mêmes quantités que dans la recette ci-dessus. La façon de faire est différente : tout est mis à la fois dans le bol à mixer, puis brassé électriquement quelques secondes.
Il doit y avoir assez d'huile pour couvrir largement l'hélice du mixer.

Brunch-Buffet
Bateau
Camping-Caravaning
Coin du feu
Pique-nique

MAYONNAISE
(suite)

Mais la mayonnaise peut tout de même rater...

— Si l'œuf et l'huile ne sont pas à la même température.
— Si l'huile a été ajoutée en trop grande quantité dès le départ.
— Si la quantité d'huile est trop importante. Il vaut mieux ne pas dépasser 1/4 l d'huile pour 1 jaune d'œuf ou 1 œuf entier.

N'essayez pas de la rattraper à tout prix. Préparez-en une autre, réussie celle-là, et incorporez-y, par petites quantités, la mayonnaise ratée.

Variante

À la mayonnaise achetée toute préparée, tout comme à la mayonnaise-maison, on peut apporter toutes ces fantaisies.

MAYONNAISE AU ROQUEFORT

Avec 1 tasse de mayonnaise et :
50 g de roquefort pilé,
1 tasse de fromage blanc,
poivre de Cayenne.

Pour :
Fondue bourguignonne, viandes froides, crudités, pâtes froides.

MAYONNAISE AU PAPRIKA AU CURRY

Avec 1 tasse de mayonnaise et :
1 cuil. à café de paprika ou curry.

Pour :
Poissons, poulet, œufs durs.

MAYONNAISE RÉMOULADE

Avec 1 tasse de mayonnaise et :
1 cuil. à café de câpres,
1 cornichon en rondelles,

MAYONNAISE
(suite)

Mayonnaise rémoulade (suite)
1 cuil. à café de moutarde forte,
cerfeuil et (ou) persil.

Pour :
Fondue bourguignonne,
poissons, salades.

MAYONNAISE MOUSQUETAIRE

Avec 1 tasse de mayonnaise et :
1 échalote hachée, ciboulette,
poivre de Cayenne ou Tabasco.

Pour :
Fondue bourguignonne,
viandes froides, crabe,
œufs durs.

MAYONNAISE AU POIVRE VERT

Avec 1 tasse de mayonnaise et :
1 cuil. à café de poivre vert (en saumure),
1 cuil. à café de ketchup,
1/2 cuil. à café de purée de piment (chinoise),
1 gousse d'ail écrasée.

Pour :
Viandes et poulet froids,
poissons, œufs durs.

DESSERT

MOUSSE AU CHOCOLAT

Pour 4, il faut :
100 g de chocolat extra, noir ou amer,
50 g de beurre très mou,
4 œufs,
1 cuil. à soupe de sucre en poudre,
1 pincée de sel.

1 saladier moyen ou 4 ramequins.

Préparation et cuisson : 20 mn
+ 1 h à 12 h au réfrigérateur

1. Cassez le chocolat dans une petite casserole. Laissez-le fondre au bain-marie sans mélanger. Retirez du feu.
2. Incorporez-y parfaitement le beurre à l'aide d'une cuiller en bois.
3. Séparez avec précaution les blancs des jaunes d'œufs. Amalgamez ces jaunes, un par un, avec le chocolat. Laissez refroidir.
4. Battez en neige les blancs d'œufs additionnés d'une pincée de sel. Quand ils sont presque fermes, ajoutez-y le sucre. Continuez de battre. Stoppez dès qu'ils sont très fermes et brillants.
5. Mettez un peu de blancs en neige avec la préparation au chocolat refroidie. Tournez avec une spatule pour obtenir un mélange homogène. Incorporez le reste des blancs en 2 ou 3 fois en soulevant la masse avec la spatule, d'un mouvement enrobant. Versez sans attendre dans une coupe ou des ramequins. Mettez au frais.

Trucs

Le chocolat craint le coup de chaleur qui détruit son arôme. Fawites-le donc fondre au bain-marie, au micro-ondes, ou à l'entrée du four ouvert mais pas directement sur le feu.

Aucune parcelle de jaune ne doit tacher les blancs sinon ils ne monteraient pas en neige correctement.
La cuillerée de sucre ajoutée aux blancs en cours de « fouettage » a pour effet de les empêcher de « grainer », ce qui provoquerait un dépôt liquide.

Brunch-Buffet
Coin du feu

ENTRÉE CHAUDE

ŒUFS FRITS À L'ANGLAISE

Pour 4, il faut :
8 œufs,
1/2 verre d'huile,
sel, poivre.

Préparation et cuisson : 3 mn

1. Chauffez modérément, dans une petite poêle, 1/2 verre d'huile. Faites glisser dedans un œuf préalablement cassé dans une tasse (assurance de fraîcheur). Réduisez la chaleur aussitôt.
2. Lorsque le blanc commence à prendre, ramenez-le sur le jaune à l'aide d'une cuiller en bois (comme pour des œufs pochés). Laissez frire 2 mn environ, à feu modéré.
3. Égouttez bien avant de servir, si possible sur du papier absorbant.

Brunch-Buffet
Bateau
Camping-Caravaning

ENTRÉE CHAUDE

PAIN PERDU AVEYRONNAIS

Pour 2, il faut :
50 g de roquefort,
4 fines tranches de pain de mie,
30 ou 40 g de beurre,
2 cuil. à café de crème fraîche,
1 œuf entier,
poivre.

1 poêle (à revêtement antiadhésif, de préférence).

Préparation et cuisson : 10 mn

1. Dans une poêle, faites dorer légèrement le pain de mie avec 30 g de beurre, des deux côtés.
2. Écrasez le roquefort à la fourchette avec un peu de crème fraîche, juste pour le rendre tartinable. Étalez-le sur deux des tranches de pain. Recouvrez celles-ci avec les deux autres tranches. Vous obtenez deux sandwiches au roquefort. Pressez pour faire adhérer.
3. Remettez ces sandwiches dans la poêle sur feu doux. Au besoin, ajoutez une noix de beurre. Battez l'œuf, en omelette avec du poivre (pas de sel du tout). Versez-le doucement, par cuillerée, sur le pain qui s'en imbibe. Retournez-le avec 2 fourchettes. Imbibez l'autre face avec le reste d'œuf battu. Le pain s'entoure, au fur et à mesure que l'œuf cuit, d'une mince couche d'omelette. Servez chaud.

Brunch-Buffet
Bateau
Camping-Caravaning
Coin du feu

PAIN DE SAUMON

Pour 4 ou 6, il faut :
1 boîte de saumon au naturel,
1 cuil. à soupe d'huile,
fines herbes,
feuilles de salade,
sel, poivre.

Décor :
4 œufs durs,
3 tomates.

Purée de pommes de terre :
1 sachet de purée en flocons,
1/2 l d'eau,
1/2 verre de lait,
40 g de beurre,
sel, poivre.

Vinaigrette ou mayonnaise.

Moule à soufflé.

Brunch-Buffet
Bateau
Camping-Caravaning
Pique-nique

Préparation et cuisson : 15 mn

1. Préparez la purée en flocons avec les proportions ci-contre. Incorporez-y le beurre.
2. Mélangez la purée avec le saumon égoutté, 1 cuil. à soupe de fines herbes hachées, sel, poivre. Versez dans un moule à soufflé légèrement huilé. Laissez au froid.
3. Le pain de saumon est présenté démoulé sur un plat garni de salade, de rondelles d'œufs durs et de tomates en quartiers. Accompagnez-le de mayonnaise ou de vinaigrette.

Truc
Pour démouler facilement le pain de poisson, plongez le fond du moule 1 ou 2 mn dans de l'eau bouillante.
Ou mieux encore : utilisez un moule (à charlotte ou à cake) à revêtement anti-adhésif, pour supprimer tout problème de démoulage.

PAMPLEMOUSSES GRILLÉS

Pour 4, il faut :
2 pamplemousses,
4 cuil. à soupe de miel,
1 cuil. à soupe de cannelle,
4 cerises confites.

Préparation et cuisson : 25 mn

1. Partagez les pamplemousses en 2, horizontalement. À l'aide d'un petit couteau pointu, extrayez la pulpe en la découpant par quartiers, tout en laissant la fine peau attachée à l'intérieur de l'écorce.
2. Mettez les quartiers de pulpe dans un bol avec 2 cuil. de miel et la cannelle. Ôtez les fines peaux restées dans les écorces et jetez-les.
3. Dans les 4 écorces vidées, remettez la pulpe de pamplemousse. Étalez le reste du miel dessus. Placez-les sous le grilloir du four très chaud pour faire caraméliser. Déposez une cerise au centre et servez chaud.

Variante
Placez, sous le grilloir, les pamplemousses juste coupés en 2 et généreusement tartinés de miel. Ce sera un peu plus difficile à déguster à table mais tellement plus vite préparé !

Brunch-Buffet
Coin du feu

PANIER DE CANAPÉS
(garniture originale pour buffet campagnard)

Il faut :
1 grand pain de mie légèrement rassis.

1 couteau-scie,
1 petit couteau pointu.

1. Tranchez verticalement jusqu'à mi-hauteur, de part et d'autre d'une bande de 2 cm au centre du pain.
2. Puis horizontalement jusqu'à la coupure, ôtez les 2 quartiers obtenus.
3. Évidez soigneusement les 2 côtés formant la base du panier.
4. Puis creusez l'intérieur de l'anse en maintenant avec la main.

Truc
Utilisez les restes de pain pour faire quelques canapés avec la mie découpée proprement, ou pour un pudding.

PASTA FRESCA

Pour 8, il faut :
8 petites courgettes très fermes,
300 g de crevettes décortiquées,
sel.

Mayonnaise :
2 jaunes d'œufs,
1 grand bol d'huile,
jus d'1/2 citron,
1 cuil. à soupe de moutarde,
1 gousse d'ail,
fines herbes,
persil,
sel, poivre.

Préparation et cuisson : 30 mn

1. Pelez les courgettes. Coupez-les en petits cubes. Faites-les cuire 15 mn dans l'eau bouillante salée. Passez-les aussitôt sous le robinet pour les refroidir et les affermir. Égouttez.
2. Préparez un bol de mayonnaise (recette p. 129) à la moutarde et au citron. Incorporez-y ensuite : ail écrasé, fines herbes, sel, poivre. Mélanger délicatement avec les crevettes et les courgettes.
Servez en ravier, décoré de petits bouquets de persil.

Truc
Évitez les courgettes trop grosses — et surtout mollassonnes — car, trop avancées, elles sont pleines de graines qu'il vous faudra ôter.

Brunch-Buffet
Bateau
Camping-Caravaning

ENTRÉE FROIDE

PAUPIETTES DE CHOU VERT

Pour 8, il faut :
12 feuilles de chou vert,
2 oignons blancs moyens,
3 cuil. à soupe de riz,
4 cuil. à soupe de vinaigrette,
4 cuil. à soupe d'huile,
sel, poivre.

Préparation et cuisson : 40 mn
+ 2 h au réfrigérateur

1. Farce : faites cuire le riz à grande eau bouillante salée, 12 mn seulement. Passez-le sous l'eau froide. Égouttez. Hachez les oignons. Ajoutez-les au riz ainsi que 4 cuil. à soupe de vinaigrette bien acidulée.
2. Fabrication des paupiettes : plongez les feuilles de chou dans de l'eau en ébullition 5 mn pour les « blanchir » et les ramollir. Égouttez-les. Ôtez les côtes en partageant chaque feuille en 2 (vous obtenez 24 moitiés). Étalez-les sur une planche. Salez, poivrez. Mettez 1 cuil. de farce sur chacune. Roulez-les en paupiette pour enfermer la farce hermétiquement. Disposez dans un plat creux. Arrosez d'huile et mettez au frais au moins 2 h.

Variante
La farce peut être enrichie de filets d'anchois et d'olives vertes hachées. Mais, dans ce cas, salez beaucoup moins.

Note
Les oignons nouveaux qui n'ont pas un goût trop prononcé sont les meilleurs. La ciboule, avec sa tige verte, peut les remplacer.

Brunch-Buffet
Bateau
Camping-Caravaning
Pique-nique

PÊCHES SAINT-GRÉGOIRE

Pour 6, il faut :
6 demi-pêches au sirop (1 grande boîte),
1 brioche mousseline cylindrique,
1/2 pot de gelée de groseilles,
1 verre à liqueur de rhum ou de kirsch.

Garniture :
groseilles ou framboises fraîches.

Préparation et cuisson : 15 mn

1. Coupez 6 tranches rondes dans la brioche. Disposez-les sur un plat. Égouttez les pêches au sirop. Placez une demi-pêche sur chaque tranche de brioche.
2. Délayez la gelée de groseilles sur feu doux avec un peu de rhum ou de kirsch. Versez sur les demi-pêches pour les napper. Garnissez, si possible, avec des groseilles ou des framboises fraîchement cueillies.

Note
Des pêches fraîches conviennent tout à fait pour cette recette. L'inconvénient est qu'une fois pelées, elles s'oxydent vite et perdent leur couleur fraîche.
Pour y remédier, en partie, frottez-les délicatement avec du jus de citron...
Mais servez-les rapidement tout de même.

Brunch-Buffet
Bateau
Camping-Caravaning
Coin du feu

ENTRÉE FROIDE

PERLES DE MELON AU PORTO

Pour 4, il faut :
4 petits melons,
1 grand verre de porto
ou de vin doux naturel.

Préparation : 30 mn
+ 2 à 3 h au réfrigérateur

1. Coupez une calotte sur le dessus de chaque melon. Détachez le couvercle. Retirez graines et filaments.
2. Creusez l'intérieur du melon, avec une cuiller à pommes noisettes, pour obtenir de petites boules. Mettez dans un saladier. Arrosez de porto ou d'un vin doux naturel (banyuls, frontignan). Laissez macérer au frais.
3. Au moment de servir, remettez les morceaux de melon dans les écorces.
Replacez les calottes dessus.

Note
Pour le pique-nique : les écorces de melon et la garniture au porto seront transportées séparément, cette dernière étant hermétiquement enfermée dans un récipient de plastique, ou mieux, dans un thermos pour aliments qui conserve le froid aussi bien que le chaud.

Brunch-Buffet
Bateau
Camping-Caravaning
Pique-nique

PIZZA
(pâte à pain)

Pour 4 ou 6, il faut :
200 g de farine,
3/4 de verre
d'eau tiède (environ),
10 g de levure
de boulanger,
un peu d'huile.
1 cuil. à café pleine
de sel.

Préparation et cuisson : 30 mn
+ attente : 2 h

1. Creusez un puits dans la farine. Mettez la levure au milieu et délayez-la peu à peu avec l'eau tiède en pétrissant avec les doigts. Incorporez-y petit à petit toute la farine et le sel de façon à obtenir une boule de pâte assez molle. Laissez lever dans un endroit tiède, à l'abri des courants d'air, environ 2 h.
2. Étalez ensuite la pâte très finement (environ 3 mm) dans un moule à tarte ou sur une plaque à pâtisserie beurrée. Dans ce cas, formez un bord tout autour en roulottant avec les doigts.
3. Une fois garnie selon 1 des 3 formules p. 143, la pizza sera arrosée d'une coulée d'huile et mise à four bien chaud (th. 7-8) 15 mn environ.

Variante
Achetez la pâte à pain du boulanger. Mais, pensez à la commander à l'avance : environ 300 g pour une pizza de 4 personnes. Écrasez avec la paume de la main. Roulez le bord sur lui-même tout autour. Couvrez la tarte de fines lamelles de fromage.

Brunch-Buffet
Coin du feu
Pique-nique

PIZZA (garnitures à étaler sur la pâte avant cuisson)

AUX CHAMPIGNONS ET FINES HERBES

200 g de champignons de Paris en lamelles,
sautés à la poêle,
4 tomates en rondelles,
fines herbes hachées,
thym, laurier et origan séchés,
gruyère râpé pour parsemer.

AUX FROMAGES

100 g de mozzarella,
100 g de gruyère en fines lamelles,
2 pincées de muscade râpée,
2 cuil. à soupe de crème fraîche,
3 pincées d'origan,
poivre.

À LA TOMATE FRAÎCHE

4 ou 5 tomates épluchées et épépinées en petits morceaux,
2 oignons hachés,
filets d'anchois et olives noires,
4 pincées d'origan, sel, poivre.

Brunch-Buffet
Coin du feu
Pique-nique

Truc
Pour réchauffer la pizza achetée toute prête, enveloppez-la de papier d'aluminium et mettez-la 5 mn dans le four très chaud.

PIZZA AUX ANCHOIS

Pour 4 ou 6, il faut :
400 g de pâte à pain (achetée chez le boulanger),
300 g d'anchois à l'huile,
150 g d'olives vertes,
1 olive noire,
2 ou 3 tomates,
50 g de gruyère ou de mozzarella,
marjolaine ou thym,
huile d'olive,
poivre.

Préparation et cuisson : 30 mn

1. Arrosez la pâte avec un petit peu d'huile. Travaillez-la rapidement. Puis étalez-la en une couche mince. Couvrez-en un moule à tarte graissé. Arrosez le dessus d'huile. Roulottez le bord sur lui-même.
2. Ôtez l'arête des anchois. Disposez les filets sur la pizza en étoile autour d'une olive noire.
3. Hachez grossièrement les olives vertes. Disposez ce hachis entre les anchois et des rondelles de tomates en couronne. Parsemez de fromage coupé en fines lamelles. Saupoudrez de marjolaine ou de thym effeuillé, poivre (pas de sel). Arrosez d'un peu d'huile. Mettez à four chaud (th. 6-7) de 25 à 30 mn.

Truc
Si vous utilisez des anchois au sel, mettez-les à dessaler 30 mn au moins à l'eau froide.

Brunch-Buffet
Coin du feu
Pique-nique

PIZZA AUX FRUITS DE MER

Pour 4, il faut :
300 g de pâte à pain (achetée chez le boulanger),
100 g de beurre,
5 petites tomates,
1 l de moules,
25 g de gruyère,
25 g de parmesan ou de mozzarella,
4 filets d'anchois (facultatif),
sel, poivre.

1 tourtière de 20 cm de Ø.

Brunch-Buffet
Coin du feu
Pique-nique

Préparation et cuisson : 45 mn

1. Pelez les tomates. Ouvrez-les et ôtez jus et pépins en même temps. Coupez la chair en petits morceaux.
2. Faites ouvrir les moules nettoyées, sur feu vif. Remuez pendant la cuisson. Retirez-les du feu aussitôt ouvertes. Ôtez-les de leurs coquilles.
3. Étendez la pâte à pain à 1/2 cm d'épaisseur. Garnissez-en une tourtière beurrée, de 20 cm de diamètre environ. Sur la pâte, semez les petits morceaux de tomate, les moules, le fromage en lamelles, les filets d'anchois en étoile, noisettes de beurre. Faites cuire à four bien chaud (th. 7-8) de 15 à 20 mn.

Truc
Vous pouvez utiliser des tomates entières, en boîte, que vous égoutterez soigneusement comme les tomates fraîches de la recette. Vous conserverez le jus pour un potage.

QUICHE LORRAINE

Pour 6 à 8, il faut :
500 g de pâte brisée surgelée.

Garniture :
1 tranche épaisse de jambon cuit (200 g environ),
400 g de crème fraîche ou 4 verres de lait (ou moitié-moitié),
5 œufs,
muscade (facultatif),
sel, poivre.

1 tourtière de 26 à 28 cm de Ø.

Préparation et cuisson : 45 mn

1. Laissez dégeler la pâte. Puis étalez-la, assez finement, à l'aide d'un rouleau ou d'une bouteille. Tapissez-en l'intérieur de la tourtière beurrée. Piquez soigneusement le fond avec une fourchette pour éviter tout gonflement de la pâte pendant la cuisson.
2. Coupez le jambon en petits dés.
3. Battez ensemble œufs, crème (ou lait et crème), un peu de sel, poivre, 2 ou 3 pincées de muscade (facultatif) et les dés de jambon. Versez sur la tarte. Mettez à four chaud (th. 6-7), 40 mn environ.
Démoulez au sortir du four et servez.

Note
Le dessus est souvent doré avant que la quiche ne soit suffisamment cuite. Déposez une feuille d'aluminium à la surface pour la protéger pendant la fin de la cuisson.

Brunch-Buffet
Coin du feu

SALADE DE HARENGS MARINÉS AU VINAIGRE

Pour 4, il faut :
3 harengs marinés au vinaigre,
1 oignon moyen,
4 pommes de terre cuites,
1 petite betterave rouge cuite,
2 cornichons,
1 pomme-fruit,
1 œuf dur,
vinaigrette très poivrée et moutardée,
2 cuil. d'aneth haché ou persil haché,
sel, poivre.

Préparation et cuisson : 15 à 30 mn

1. Faites cuire pommes de terre et œuf dur.
2. Ôtez la peau et arêtes des harengs (s'il y a lieu). Coupez-les en petits carrés. Hachez séparément : oignon, pomme-fruit, pommes de terre et betterave rouge cuites. Coupez les cornichons en rondelles.
3. Dans un ravier un peu creux, disposez tous ces éléments sans les mélanger, côte à côte. Décorez le dessus avec des rondelles d'œuf dur et du persil haché. Arrosez de vinaigrette bien relevée, préparée en partie avec le vinaigre de la marinade.

Variante
L'aneth entrant dans la composition de la vinaigrette peut être remplacé — en quantité moindre — par des extrémités de branches de fenouil frais d'un arôme voisin mais plus corsé.

Note
Les harengs au vinaigre, du type « rollmops » font partie des spécialités des pays nordiques. Ils sont vendus en petits seaux, en bocaux et en boîtes.

Brunch-Buffet
Bateau
Camping-Caravaning
Coin du feu

ENTRÉE FROIDE

SALADE DE PÂTES ET LANGOUSTINES À LA ROUILLE

Pour 4, il faut :
125 g de coquillettes,
12 ou 16 langoustines crues,
4 petites tomates,
1 cœur de laitue,
1 cœur de céleri-branche,
quelques olives noires,
bouquet garni,
sel, poivre.

Court-bouillon :
1 oignon coupé,
2 clous de girofle,
1 gousse d'ail,
thym, laurier,
brin de céleri,
1 petit piment,
filet de vinaigre,
sel, poivre.

Rouille :
1 jaune d'œuf,
1 grand verre d'huile (d'olive de préférence),
2 ou 3 gousses d'ail,
1 petit piment fort ou 4 pincées de cayenne,
1 cuil. à café rase de coulis de tomate,
2 ou 3 pincées de safran (facultatif),
sel.

Brunch-Buffet
Bateau
Camping-Caravaning

Préparation et cuisson : 30 mn

1. Faites cuire les pâtes. Égouttez-les encore fermes. Mélangez-les aussitôt avec un peu d'huile. Laissez refroidir.
2. Mettez les langoustines dans le court-bouillon froid qui les couvre tout juste. Portez doucement à ébullition. Laissez frémir 3 ou 4 mn (s'il s'agit de queues de langoustines surgelées, laissez refroidir dans le court-bouillon).
3. Rouille : pilez l'ail. Ajoutez-y jaune d'œuf, sel, piment écrasé ou cayenne et tomate concentrée, safran. Battez au fouet jusqu'à ce que le mélange soit homogène. Ajoutez-y l'huile goutte à goutte pour débuter puis quand la sauce commence à prendre, versez l'huile plus abondamment. Tournez sans précipitation mais régulièrement. Ajoutez 1 cuil. à café d'eau, vers la fin, pour la stabiliser.
4. Disposez des feuilles de laitue sur un grand plat, les pâtes froides au centre. Garnissez le pourtour avec quartiers de tomates, langoustines décortiquées si possible, olives, branchettes de céleri coupées en tronçons. Arrosez d'un peu de rouille ; présentez le reste en saucière.

Note
Quelques croûtons grillés tartinés de rouille sont toujours appréciés pour accompagner ce plat ou pour l'apéritif.

SALADE DE POULET

Pour 8, il faut :
1 poulet cuit ou fumé,
100 g de riz,
3 petites branches de céleri,
1 bulbe de fenouil,
2 poivrons vert et rouge frais ou conservés à l'huile,
1 petit bol de mayonnaise (ou 1 pot),
fines herbes,
1/2 cuil. à café de paprika,
2 pincées de cayenne,
sel.

Pour décorer :
3 tomates,
radis, olives,
5 œufs durs,
laitue.

Brunch-Buffet
Bateau
Camping-Caravaning
Coin du feu
Pique-nique

Préparation : 30 mn

1. Faites bouillir le riz de 15 à 17 mn dans beaucoup d'eau salée. Rincez aussitôt et égouttez. Laissez refroidir complètement.
2. Coupez la chair d'un poulet cuit en petits dés.
3. Relevez une mayonnaise de paprika et de cayenne. Allongez-la de citron, vinaigre ou eau pour l'obtenir assez molle. Mélangez-en la moitié avec les dés de poulet.
4. Coupez en bâtonnets : céleri-branche, fenouil, poivrons épépinés. Mélangez le tout dans une terrine avec riz, mayonnaise, fines herbes, sel. Mettez au froid un moment.
5. Au dernier moment, ajoutez le poulet-mayonnaise au reste du plat. Disposez 1 ou 2 feuilles de laitue dans chaque petite assiette et, dessus, salade de poulet, quartiers de tomates, d'œufs durs, radis et olives pour décorer.

Variantes
Vous pouvez enrichir votre plat avec les crudités que la saison vous offre.
Et pourquoi pas « à la chinoise » avec germes de soja, champignons parfumés, dés de pousses de bambou ou de cœurs de palmier. Remplacez alors la mayonnaise par une simple vinaigrette très légèrement sucrée, allongée de sauce soja (1 cuil. à café environ), et parfumée de citronnelle fraîche coupée.

Pour une bonne salade de poulet : on le laisse macérer quelques heures, ou même depuis la veille dans la mayonnaise très aromatisée. 1 cuil. à soupe de whisky ou de cognac y est ajoutée, en plus des épices indiquées dans la recette.

ENTRÉE FROIDE

SNACKS AU GRUYÈRE

Pour 4, il faut :
100 g de gruyère râpé,
100 g de beurre,
100 g de farine,
3 cuil. à soupe de lait,
1 œuf pour dorer,
sel, poivre.

Tout indiqués pour accompagner le verre de l'amitié !

Préparation et cuisson : 30 mn

1. Mélangez la farine, le gruyère, pas mal de sel et de poivre et le beurre en morceaux en frottant les paumes de mains l'une contre l'autre. Ajoutez le lait à ce mélange granuleux pour obtenir une pâte assez ferme.
2. Étalez rapidement la pâte au rouleau. Découpez-la en losanges ou en rondelles avec un verre à liqueur. Déposez-les sur la plaque du four beurrée. Badigeonnez d'œuf battu. Faites cuire à four bien chaud (th. 7-8) de 10 à 12 mn.

Brunch-Buffet
Coin du feu

TABOULÉ

Pour 4, il faut :
150 g de semoule à couscous (moyenne).

Sauce :
2 tomates bien mûres (300 g),
1/2 concombre,
1 oignon blanc,
jus d'1 gros citron,
2 ou 3 cuil. à soupe d'huile,
1 tasse de fines herbes (quelques feuilles de menthe fraîche, du persil, de la ciboulette),
1 cuil. à café rase de sel,
poivre.

Préparation : 10 mn
+ 2 h au moins au réfrigérateur

1. Mettez tous les éléments de la sauce dans le mixer. Réduisez en fine purée.
2. Mélangez à la semoule avec une fourchette. Couvrez et laissez reposer dans le réfrigérateur pendant 2 h au moins, ou même jusqu'au lendemain.
Mélangez plusieurs fois à l'aide d'une fourchette, au cours du temps de repos.
Présentez le taboulé dans un saladier garni de feuilles de laitue.

Notes
Il est parfois conseillé de laisser gonfler la semoule couverte d'eau froide pendant 1/2 h, puis de bien l'essorer dans un linge avant de l'accommoder comme ci-dessus. Le taboulé ainsi traité sera plus moelleux. C'est donc une question de goût qui vous fera adopter l'une ou l'autre de ces recettes.

On peut ajouter, en fin de préparation, des raisins secs préalablement gonflés dans de l'eau chaude et bien égouttés.

Brunch-Buffet
Bateau
Camping-Caravaning
Pique-nique

ENTRÉE FROIDE

TARTARE DE SAUMON

Pour 4, il faut :
700 à 800 g de saumon très frais (filet ou tranches),
2 petits oignons blancs hachés,
1 petit bouquet d'aneth (ou de ciboulette),
jus d'1/2 citron,
3 ou 4 cuil. à soupe d'huile d'olive,
sel, poivre.

Préparation : 30 mn

1. Après avoir ôté la peau et les arêtes du saumon très soigneusement (le poissonnier peut le faire pour vous), coupez, à l'aide d'un grand couteau, sa chair en lamelles, dans un sens puis dans l'autre, pour obtenir un hachis grossier.
2. Ajoutez-y : oignons très finement coupés, jus de citron, sel, poivre, huile d'olive. Mélangez et mettez dans le réfrigérateur très froid jusqu'au moment de servir (pour des raisons de conservation, ne pas attendre plus d'1 h).

Notes
Comme tous les poissons crus, le saumon doit être bien relevé.

Présentez-le par portions individuelles, sur assiettes, accompagné de quelques crudités : concombre coupé ou râpé, tomates en dés, laitue ciselée en lanières, etc.
La truite saumonée peut s'accommoder de la même façon.

Truc
Le poisson sera plus facile à trancher si vous le mettez à s'affermir dans le freezer pendant 1/2 h ou 1 h.

Brunch-Buffet
Coin du feu

DESSERT

TARTE À LA FOURCHETTE POUR FRUITS JUTEUX

Avis à celles qui n'aiment pas tripoter la pâte : cette recette n'utilise que le batteur électrique et la fourchette... ou rien que la fourchette, mais pas les doigts.

Pour 6 à 8, il faut :

Pâte :
200 g de farine,
100 g de sucre en poudre,
1/2 paquet de levure en poudre,
100 g de beurre très mou,
2 œufs entiers.
1/4 cuil. à café de sel.

Garniture :
750 g de fruits juteux (prunes, abricots),
100 g de sucre en poudre.

1 tourtière à fond amovible de 26 à 28 cm de Ø.

Préparation et cuisson : 50 mn

1. Pâte : dans un grand saladier, mettez farine, sucre, levure et sel. Mélangez le tout au batteur électrique 30 secondes. Ajoutez-y le beurre très mou, en petits dés. Continuez de battre pour obtenir une pâte ressemblant à de la semoule à couscous. Incorporez les œufs entiers à l'aide d'une fourchette ou d'une cuiller en bois car le brassage trop rapide du batteur durcirait la pâte. La pâte terminée est molle et peu homogène.
2. Beurrez le fond et le bord de la tourtière. Cette pâte, étant très molle, ne s'étend pas au rouleau, il suffit de l'étaler dans le moule à l'aide d'une fourchette en la faisant remonter un peu contre le bord. Disposez les fruits, côté peau contre la pâte.
3. Cuisez à four chaud (th. 6-7), 30 mn environ. A mi-cuisson, couvrez si nécessaire d'une feuille d'aluminium.
4. Démoulez la tarte en la faisant glisser sur une grille car elle se brise facilement quand elle est chaude. Sucrez abondamment.

Note
Cette tarte, à croûte moelleuse, mais un peu épaisse, est meilleure tiède que froide. Mais, vous pouvez la mettre à réchauffer à four doux.

Brunch-Buffet
Coin du feu

TARTES À BASE DE PÂTE BRISÉE

Il faut :
150 g de farine,
75 g de beurre
ou de margarine,
environ 1/2 verre d'eau,
1/2 cuil. à café de sel.

Pâte brisée
(recette de base)

Mélangez farine, sel et beurre ou margarine en morceaux, en frottant les paumes de mains l'une contre l'autre. Ajoutez environ 1/2 verre d'eau à cette pâte granuleuse. Pétrissez vivement. Mettez en boule. Écrasez avec la paume de la main. Remettez en boule. Cela 3 fois. Laissez reposer au frais si possible.

Variante
La pâte brisée ou feuilletée toute préparée est vendue fraîche ou surgelée.

Trucs
Les aléas de la pâte à tarte (que vous ne réussissez pas toujours bien...) :

- elle est dure parce que :
  - — vous l'avez travaillée trop longtemps ;
  - — vous y avez ajouté trop d'eau (mieux vaut un peu moins qu'un peu trop).
- elle s'étend mal, elle est cassante parce que vous n'avez pas mis assez d'eau. Aspergez-la de quelques gouttes. Mais faites vite, pour ne pas laisser durcir la pâte.
- les bords rebombent à la cuisson parce que :
  - — la pâte était trop molle (trop d'eau) ;
  - — le four pas assez chaud ;
  - — vous avez travaillé dans une atmosphère si chaude que le beurre ou la margarine était presque fondu.

TARTE AU ROQUEFORT

Pour 4, il faut :

Pâte brisée :
(voir recette de base p. 154).

Garniture :
100 g de roquefort,
3 œufs,
3 ou 4 cuil. à soupe de crème fraîche,
poivre.

Préparation et cuisson : 1 h

1. Étendez la pâte au rouleau. Garnissez-en un moule à tarte préalablement beurré.
2. Émiettez finement le roquefort avec une moulinette ou un tamis.
3. Battez ensemble : œufs entiers, crème fraîche et roquefort écrasé. Poivrez mais ne salez pas. Versez sur la pâte. Mettez à four chaud (th. 6-7) 30 mn environ.
Servez chaud, bien soufflé, pour une entrée, c'est meilleur, ou complètement refroidi avec une salade, pour un repas froid ou un buffet.

Truc
Couvrez la tarte d'une feuille d'aluminium dès que vous jugez le dessus suffisamment coloré. La cuisson continuera de s'effectuer normalement sauf en surface.

Brunch-Buffet
Coin du feu
Pique-nique

TARTELETTES AU GRUYÈRE

Pour 6 ou 8 tartelettes, toutes préparées, il faut :

Sauce Mornay :
1 cuil. à soupe bombée de farine,
30 g de beurre,
1/4 l de lait,
75 g de gruyère râpé,
sel, poivre.

Préparation et cuisson : 20 mn

1. Sauce Mornay : faites fondre, sur feu doux, 30 g de beurre. Ajoutez-y la farine. Délayez sur le feu quelques secondes, jusqu'à ce que le mélange soit mousseux. Ajoutez-y d'un seul coup 1/4 l de lait froid, sel, poivre. Mélangez jusqu'à épaississement. Retirez du feu. Incorporez le gruyère râpé.
2. Garnissez les tartelettes avec cette sauce. Passez au four chaud ou sous le grilloir, pour faire gratiner légèrement la surface.

Variante
À la place du fromage, vous pourrez ajouter, au choix : petits dés de jambon, champignons cuits, crevettes décortiquées, reste de poisson ou de poulet, quenelles, rondelles d'oignons préalablement cuits au beurre, pointes d'asperges, fonds d'artichauts, salsifis (en boîte)... et j'en passe.

Brunch-Buffet
Coin du feu

DESSERT

TUTTI FRUTTI SANS FAÇON

Pour 8, il faut :
1 génoise toute préparée de 22 à 24 cm de Ø,
1 pot de marmelade d'abricots,
250 g de fruits confits hachés,
quelques cerises confites,
1 verre à apéritif de rhum,
1 tasse d'amandes hachées ou effilées (facultatif).

Préparation : 30 mn

1. Laissez macérer les fruits confits avec un peu de rhum. Faites bouillir la marmelade sur feu doux avec 1 verre à liqueur de rhum. Elle doit devenir épaisse et brillante.
2. Posez la génoise à plat sur une planche et découpez-la en 2 ou 3 tranches, dans l'épaisseur.
3. Mettez les tranches côte à côte. Aspergez-les de rhum. Badigeonnez-les d'une légère couche de marmelade. Étalez la moitié des fruits confits sur la tranche de base. Recouvrez avec la deuxième tranche de génoise, le reste des fruits, puis le couvercle de la génoise. Le gâteau étant ainsi reformé, enduisez-le généreusement de marmelade, dessus et pourtour.

Note
Pour le décor, collez les amandes sur l'épaisseur du gâteau à l'aide du plat d'un couteau. Disposez quelques cerises confites dessus.

Brunch-Buffet
Bateau
Camping-Caravaning
Coin du feu

HERBES
DE
EDEN luxe

LE CAMPING
LE CARAVANING

Vous avez choisi la liberté ! Le camping et le caravaning ne sont-ils pas évocateurs de loisirs itinérants au fil des routes et des campagnes ?
Même si un port d'attache — un terrain de camping merveilleusement équipé — vous retient solidement pour toute la durée des vacances, il ne vous est pas interdit de rêver d'évasion et d'un retour à la vie simple. Rejetez, pour un temps, les contraintes de toutes sortes. Celles de la vie de tous les jours, des repas à heures fixes, de la cuisine élaborée, des menus traditionnels, du savoir se tenir à table... Mettez vos bons principes entre parenthèses, vous verrez comme c'est reposant. Le petit déjeuner peut devenir, au réveil d'une grasse matinée, un *breakfast* à l'anglaise avec thé, toasts, œufs au bacon et le reste. À moins que vous ne lui préfériez une collation à la campagnarde avec pâté, saucisson et vin de pays, ou encore le brunch à l'américaine (voir chapitre 3).
Cela vous mettra en forme pour le sport de votre choix et vous permettra d'escamoter le repas de midi. Au plus beau moment de la journée vous avez mieux à faire qu'à revenir vous mettre à table.
Vous vous rattraperez le soir où chacun, un peu fatigué, est heureux de s'asseoir, en amicale compagnie, devant une table appétissante... et même de manger sur ses genoux si le matériel est très réduit. L'important, ici, c'est de vivre autrement que chez soi. Alors, soyez la première à jouer le jeu et vous vous en trouverez très bien !

1. Le matériel

Ustensiles conseillés pour les vacances

Cette liste d'ustensiles ci-contre peut évidemment raccourcir ou s'allonger selon la place dont on dispose, le nombre de bouches à nourrir et les habitudes de travail. Mais c'est, à mon avis, un minimum pour faire, dans des conditions agréables, de la cuisine simple en vacances.
Râpe universelle (à légumes, à fromage), plusieurs bouchons, 2 tire-bouchons (on les égare facilement), 2 à 3 décapsuleurs-ouvre-boîtes-perceurs, entonnoir, moulin-légumes, passoire à pied, louche, panier à salade. Un grand sac ou boîte isotherme, une grande bassine pour laver légumes et fruits.
Si vous êtes de ces rares amateurs de camping sauvage ou si vous prenez la plupart de vos repas au restaurant,

Ustensiles de cuisson :	pour :
autocuiseur	cuissons longues, mijotées ou vapeur, peut compenser l'absence de four, de fait-tout.
1 très grande casserole	eau, pâtes, riz.
1 casserole moyenne	eau du café, du thé. Sauces.
1 couvercle universel	
1 très grande poêle anti-adhésive	viandes et poissons. Omelettes.
1 grande cocotte ovale en Pyrex et son couvercle	cuissons au four, en cocotte. Présentation de salades. Potages. Légumes.

Ustensiles de préparation :	pour :
ciseaux de cuisine	mille choses...
1 grand couteau	découper, hacher.
1 petit couteau pointu	tout éplucher.
1 couteau économe	tout peler.
1 couteau à dents de scie	couper tomates, citrons, pain.
1 cuiller en bois	délayer.
1 fouet à main	tourner les sauces, mayonnaises, battre les œufs.
2 saladiers en Pyrex assortis	présenter salades, potages, légumes préparer mélanges, omelettes, etc.
batteur électrique (si possible)	
verre gradué	peser et mesurer.
boîtes plastique à fermeture hermétique	garder et transporter les aliments, présenter les salades.
papier absorbant	remplacer les torchons et serviettes.
papier aluminium sacs plastiques	envelopper les mets (économise les récipients) ou couvrir à l'abri des insectes, etc.
planche	découper, hacher, trancher, étaler.

cette liste ne vous est pas destinée. Je l'ai conçue pour ceux et celles qui considèrent leur tente ou leur caravane très bien équipée comme une petite résidence secondaire mobile.

2. Préparation et organisation

Deux repas en une seule cuisine

Quand il y en a pour un repas, il peut y en avoir pour deux à condition de voir grand ! C'est une habitude que je vous recommande, pour la période de loisirs surtout. Ainsi, il n'est guère plus long de préparer et de cuire une ratatouille niçoise pour 6 ou 8 convives que pour 4. Au premier repas, vous la servirez chaude. Puis, le lendemain :
— en entrée froide.
— en plat de résistance avec :
- œufs durs, au plat, en omelette ;
- viande grillée ou sautée ;
- saucisses, merguez ;
- pâtes ou riz.

Un autre exemple, la salade. Épluchez-la et lavez-la. Le surplus attendra au froid dans une boîte en plastique.
— Tous les plats mijotés pourront être réchauffés (sauf les pommes de terre).
— Les viandes rouges seront mangées froides au second service.
— Les poissons s'accommoderont en salade, à la mayonnaise, en gratin, mélangés avec de la purée, etc.

Manne céleste

Il arrive parfois que l'on plante la tente ou que l'on arrête la caravane non pas dans un terrain urbanisé des bords de mer, mais tout simplement à la campagne. Là, tout comme pour les oiseaux, il y a pour vous aussi, une manne, dont vous pouvez profiter avec discernement... et discrétion. Ne cassez pas inconsidérément des branches et ne détruisez pas, en les arrachant, les souches de champignons. De toute manière, assurez-vous toujours que vous n'êtes pas en train de piller le bien d'autrui. Ces réserves étant faites... tirez profit de vos découvertes.
(Voir tableau ci-contre.)

Réserve de vinaigrette

Assaisonner la salade, ce n'est guère difficile, ni long, mais fastidieux. Je vous conseille vivement de préparer dans une bouteille, dès le début de vos loisirs, une réserve de vinaigrette assez

Si vous trouvez des :	Accommodez-les en :
— champignons*	• omelette aux champignons • champignons sautés aux fines herbes • œufs cocotte Bergère (recette p. 223) • champignons grillés sur barbecue (voir "Légumes sur barbecue", p. 14)
— châtaignes	• grillées
— escargots	• voir recette p. 211
— menthe fraîche	• salade arabe, thé à la menthe (recettes p. 185 et p. 280)
— mûres, myrtilles	• à la crème, en tartelettes, entremets danois (recette p. 174)
— noix fraîches	• avec pain et beurre, fromage de chèvre et vin de pays
— pissenlits	• salade de pissenlits au lard, noix
— pommes tombées	• crues dans salades composées • tarte, compote, beignets • en tranches, sautées au beurre

* Soumettez votre récolte au pharmacien de l'endroit pour éviter tout accident.

importante et de la conserver au frais. Proportions pour une réserve de vinaigrette :

1/8 l de vinaigre,
1/2 l d'huile,
3 cuil. à café rases de sel,
1 cuil. à café rase de poivre,
2 cuil. à soupe de moutarde forte,
1 cuil. à soupe d'eau.

Le peu d'eau ajouté à la vinaigrette permet un mélange homogène. Vous le constaterez quand vous la secouerez énergiquement, avant de la verser sur la salade ou dans une saucière.

Vide-ordures

Vous n'oublierez pas de vous munir de sacs à déchets spéciaux, en plastique ou en papier fort, pour y enfermer les ordures au fur et à mesure et les transporter jusqu'aux poubelles, toujours nombreuses, dans les terrains

de camping. Ainsi pas de risques d'odeurs ni de bestioles intempestives. Pour cette abondante consommation de sacs, vous garderez également tous ceux que l'on rapporte des courses.
Vous conserverez cet excellent principe pour le camping sauvage ou le pique-nique.
Après les réjouissances, les sacs seront transportés jusqu'à une décharge publique, mais vous ne les oublierez pas dans le coffre de la voiture.

3. Trucs et recettes minute

Équivalence de poids et mesures

À défaut de balance ou de verre gradué, reportez-vous à ce petit guide qui n'a pas la prétention de donner des poids exacts.

Œuf de poule	50 g
Farine	
1 cuil. à café bombée	10 g
1 cuil. à soupe rase	20 g
1 cuil. à soupe bombée	30 g
Sucre en poudre	
1 cuil. à café bombée	8 g
1 cuil. à soupe rase	15 g
1 cuil. à soupe bombée	25 g
Huile	
1 cuil. à soupe	14 g
6 verres à moutarde (1 litre)	900 g
Légumes et fruits	
10 pommes de terre moyennes	1 kg
10 tomates moyennes	1 kg
8 pêches moyennes	1 kg
1 cuil. à soupe de riz	20 g
Liquide	
6 verres à moutarde	1 l
1 bol	1/2 l
6 cuil. à soupe	1 dl

Hors-d'œuvre en portions

Le légume ou l'agrume simplement coupé en parts avant d'être dégusté à la croque au sel, avec vinaigrette ou mayonnaise en tube (avocat, pamplemousse, tomate, melon, etc.), est très pratique.

A couper en 2 :	**Accommodement :**
— artichaut cru	croque au sel, vinaigrette.
— avocat	vinaigrette, mayonnaise, crème fraîche salée et poivrée.
— melon (petit)	nature, au porto, avec sel ou sucre, jambon cru, figues fraîches.
— pamplemousse	nature, au sucre, au miel ou grillé.
— tomate	croque au sel, vinaigrette, mayonnaise, fines herbes.
A couper en 4 :	
— concombre	pelé, coupé en longueur, puis en largeur, épépiné. Avec vinaigrette, crème fraîche assaisonnée.
— melon (moyen)	nature. Avec sel.
A couper en 8 :	
— ananas et melon (gros)	coupé en tranches, servi avec son écorce, nature ou sucré.

Légumes et fruits frais... en boîte

Les légumes et fruits en boîte sont indispensables aux campeurs, non seulement comme un pis-aller nourrissant mais surtout comme un sérieux appoint pour varier les menus de façon saine et appétissante ! À condition, bien sûr, d'en renouveler la présentation en les accommodant un peu.

En salade

— Chou-fleur, sauce (1 cuil. de moutarde pour 3 cuil. de crème fraîche), cerfeuil ou estragon, rondelles d'œufs durs, feuilles de salade finement coupées.

— Chou-fleur, mayonnaise, hachis de poivron rouge, persil, rondelles de tomates fraîches.

— Cœurs d'artichauts, vinaigrette moutardée, 1 pointe d'ail, ciboulette.

— Bottillons de pointes d'asperges et

fonds d'artichauts garnis d'une rondelle d'œuf servis sur rondelles de tomates et feuilles de laitue. Vinaigrette à part.
— Petit tas de fenouil cru haché et cœurs d'artichauts vinaigrette, concombre, le tout arrosé de crème fraîche aux fines herbes sur feuilles de salade.
— Haricots verts.
— Macédoine.
— Fruits en boîte, seuls ou mélangés avec des fruits frais, arrosés ou non de liqueur. Peuvent agrémenter glaces à la vanille, fromage blanc.

Un grand plat froid

Poulet froid, coupé au centre d'un grand plat. Autour sont disposés :
— fonds d'artichauts froids garnis (voir ci-après) ;
— barquettes de macédoine ou aux pointes d'asperges ;
— demi-tomates aux fines herbes, décorées d'une olive noire ;
— cœurs de palmier vinaigrette sur salade ;
— hachis de poivrons rouges et verts, préalablement macérés au sel.

Les fonds d'artichauts

Froids :
— emplis d'un mélange macédoine/mayonnaise/hachis d'échalotes. Décorés d'un radis ;
— ou garnis de petits pois/mayonnaise/persil/œuf dur haché, sur feuilles laitue ;
— en salade, coupés en 4, avec fines herbes, échalotes.

Chauds

Les fonds sautés à la poêle sont emplis de légumes en boîte, réchauffés à part : pois, haricots verts, macédoine, pointes d'asperges, champignons, etc.

3 entrées de haricots verts sans façon à la vinaigrette

— Haricots verts, dés de gruyère, persil.
— Haricots verts, thon à l'huile, quartiers de tomates, échalote hachée, moutarde, persil.
— Haricots verts, dés de filets de harengs, pommes de terre en rondelles, persil, oignons blancs.

2 entrées distinguées

Asperges sauce crème : 1 cuil. de vinaigre pour 3 ou 4 cuil. de crème fraîche.

Cocktail printanier : fonds d'artichauts en dés, pois ou macédoine, crevettes ou crabe avec mayonnaise additionnée de cognac, crème fraîche, échalote, poivre de Cayenne.

Disposez dans des verres sur laitue finement coupée. Garniture : une rondelle de citron fendue placée à cheval sur le bord du verre.

Poissons en semi-conserve

Sont vendus en semi-conserve les anchois, anguilles, harengs, maquereaux, saumons fumés, truites. Les œufs de poissons : lump, morue, poutargue et saumon, surimi.
Les semi-conserves se présentent parfois sous emballage souple, parfois comme des boîtes de conserve. Mais leur temps de conservation est moins long. Il peut varier de 3 semaines à plusieurs mois.
Toutes les semi-conserves doivent être entreposées au froid, dans le réfrigérateur. Elles s'abîmeraient très rapidement dans un placard.
La mention « semi-conserve » est inscrite clairement sur l'emballage.

Poulet au sel

Vous ne disposez probablement ni d'un four, ni d'une rôtissoire bien qu'il existe maintenant des rôtissoires à bouteille de gaz incorporée étudiées pour le camping et le caravaning. Vous pouvez quand même satisfaire votre envie de poulet rôti, doré à point... Préparez le poulet au sel. Ce qu'il vous faut ? un poulet de qualité, une cocotte (fonte, pyrex ou alu, importante) ... et 3 kg de gros sel ! C'est à la fois inattendu, savoureux et même en accord avec votre souci de garder la ligne car ce poulet cuit sans aucune matière grasse. Quant au sel, il n'imprègne que la peau du poulet, sans excès. Découvrez cette recette amusante et facile, p. 182.

AILLOLI AUX PÂTES (simplifié)

Pour 4, il faut :
250 g de grosses pâtes (style gros «coudes»),
2 boîtes de filets de cabillaud surgelés,
bouquet garni,
4 œufs,
cœurs d'artichauts,
haricots verts,
carottes grelots en boîte,
1 betterave rouge cuite,
sel.

Court-bouillon :
1 oignon coupé,
2 clous de girofle,
1 gousse d'ail,
thym, laurier,
brin de céleri,
1 petit piment,
filet de citron ou de vinaigre,
sel, poivre.

Sauce ailloli :
3 ou 4 gousses d'ail,
1 jaune d'œuf,
1/4 l d'huile (d'olive de préférence),
jus d'1 citron,
sel, poivre.

Ou 2 tubes de mayonnaise + ail.

Camping-Caravaning
Bateau
Pique-nique

Préparation et cuisson : 1 h 15

1. Couvrez le poisson surgelé d'eau froide. Ajoutez sel, poivre, oignon coupé, 2 clous de girofle, gousse d'ail, thym, laurier, persil, brin de céleri, petit piment, filet de citron ou de vinaigre. Portez à ébullition. Retirez du feu dès le premier bouillon. Laissez dans l'eau de cuisson jusqu'au moment de servir.
2. Sauce ailloli : pilez l'ail finement. Ajoutez-y jaune d'œuf, sel et poivre. Mélangez vigoureusement avec un fouet. Ajoutez-y peu à peu l'huile. Quand la sauce prend, versez plus généreusement. Pour terminer, ajouter 1 cuil. à soupe d'eau chaude et le jus de citron.
3. Faites cuire les pâtes. Dès qu'elles sont cuites mais encore fermes sous la dent, égouttez-les. Mélangez-les aussitôt avec un peu d'huile. Tenez-les au chaud.
4. Pendant la cuisson des pâtes, faites durcir les œufs 10 mn et réchauffer les légumes séparément.
5. Sur un grand plat, disposez le poisson bien égoutté, les œufs durs coupés en deux et, par touches de couleur, carottes, haricots verts, cœurs d'artichauts, rondelles de betterave. Servez à part, les pâtes chaudes et la sauce ailloli. Ce plat peut être également servi froid pour un pique-nique.

Note
Si vous utilisez de la mayonnaise toute préparée, incorporez-y 3 ou 4 gousses d'ail écrasées avec un presse-ail ou pilées.

DESSERT

CONFITURE D'ABRICOTS ET TOUS FRUITS À NOYAUX

Pour 1 kg d'abricots dénoyautés, il faut :
1 kg de sucre,
jus d'1/2 citron (facultatif).

5 ou 6 pots moyens, couvre-pots en cellophane.

Cuisson : 15 mn

1. Lavez les fruits. Ôtez les noyaux en les ouvrant en deux.
2. Faites cuire fruits et sucre. Laissez bouillir franchement 15 mn, en mélangeant souvent. 5 mn avant la fin, ajoutez le jus de citron et quelques amandes extraites des noyaux. Mettez en pots aussitôt et couvrez.

Note
Ces confitures peuvent être conservées plusieurs mois sans dommage ou consommées aussitôt refroidies...

Camping-Caravaning
Brunch-Buffet
Coin du feu

PLAT PRINCIPAL

COUSCOUS RAPIDE EN AUTOCUISEUR

Pour 4 à 6, il faut :
1,800 kg de collier de mouton, coupé en cubes (ou 1 kg d'épaule et son os),
abattis d'1 ou 2 poulets (facultatif),
4 cuil. à soupe d'huile d'olive,
4 ou 5 tomates,
2 carottes, 2 navets,
500 g de semoule,
1 bol d'eau environ,
2 courgettes,
100 g de raisins secs,
1/2 boîte de pois chiches,
1/2 boîte de piments doux,
100 g de beurre,
1 petite boîte de harissa,
sel.

Bouillon :
2 oignons piqués de 3 clous de girofle,
1/2 g de safran,
1/4 de tasse d'huile d'olive,
1 cuil. à soupe de tomate concentrée,
2 gousses d'ail,
bouquet garni,
1/2 cuil. à café de harissa,
1 cuil. à café de ras-el-hanout (facultatif),
1/2 cuil. à café de cumin arabe,
sel, poivre.

Préparation : 20 mn
Cuisson en autocuiseur : 30 mn

1. Dans l'autocuiseur, faites revenir les morceaux de mouton et les abattis de poulet (facultatif) avec 2 cuil. à soupe d'huile très chaude. Mettez-y tous les éléments du bouillon et les légumes du couscous (sauf courgettes, raisins, pois chiches et piments doux) avec de l'eau jusqu'aux 2/3 du récipient. Fermez l'autocuiseur. Laissez cuire doucement 25 mn à partir de la mise en pression.
2. Pendant ce temps, étalez la semoule dans un large saladier. Mouillez-la d'eau froide salée. Laissez-la gonfler 5 mn. Transvasez-la dans le panier rigide perforé de l'autocuiseur ou dans une passoire métallique à pieds.
3. Ouvrez l'autocuiseur. Videz-le dans un faitout. Tenez celui-ci au chaud, sur feux doux.
4. Remettez quelques louches de bouillon dans l'autocuiseur avec les courgettes en tronçons et les raisins. Posez, en suspension, au-dessus du bouillon le panier ou la passoire contenant la semoule pour qu'elle cuise à la vapeur, 2 mn sous pression. (La semoule ne doit pas être en contact avec le bouillon.)
5. Ouvrez l'autocuiseur. Renversez la semoule sur un torchon. Égrenez-la avec une fourchette en l'aspergeant d'eau froide et d'huile.
Retirez 2 louches de bouillon pour réchauffer les légumes en boîte. Remettez la semoule dans le panier au-dessus du bouillon.
Refermez l'autocuiseur.
Laissez cuire 3 mn sous pression.

COUSCOUS RAPIDE EN AUTOCUISEUR (suite)

6. Égouttez pois chiches et piments. Faites-les chauffer dans le bouillon épicé avec un peu de harissa.
7. Retirez la semoule de l'autocuiseur. Versez-la dans un très grand plat creux. Incorporez-y un gros morceau de beurre avec une fourchette. Façonnez en dôme. Disposez viandes et légumes autour. Arrosez de quelques louches de bouillon. Servez en saucière le reste du bouillon plus ou moins pimenté de harissa.

Variante
Cette recette a le mérite d'être assez vite et bien préparée. Deux raisons suffisantes pour la faire apprécier en vacances. Mais si vous avez du temps, vous trouverez peut-être préférable de cuire la semoule à découvert au-dessus de la vapeur du bouillon.

Camping-Caravaning
Bateau
Coin du feu

ENTRÉE FROIDE

CROUSTADES AU ROQUEFORT

Pour 6, il faut :
6 croûtes à tartelettes,
50 g de roquefort,
1 petite branche de céleri,
12 noix,
3 cuil. à soupe de crème fraîche,
poivre.

Préparation : 10 mn

1. Épluchez et pilez les noix. Ôtez les fils de céleri, hachez-le finement. Réduisez le roquefort en purée à l'aide d'une fourchette.
2. Mélangez le tout avec 3 cuil. à soupe de crème fraîche et du poivre (mais pas de sel). Versez dans les croûtes à tartelettes. Mettez au froid jusqu'au moment de servir.

Camping-Caravaning
Bateau
Brunch-Buffet

PLAT PRINCIPAL

ENTRECÔTE « MINUTE » AUX FRUITS SECS

Pour 4, il faut :
4 fines entrecôtes,
100 g de roquefort,
1 tasse 1/2 de noix salées pour l'apéritif (amandes, noisettes, cajou, cacahuètes, etc.),
50 g de beurre,
sel, poivre.

Préparation et cuisson : 20 mn

1. Écrasez grossièrement les noix salées. Faites fondre la moitié du beurre dans une casserole. Dès qu'il commence à blondir légèrement (pas plus), jetez dedans le hachis de noix salées. Laissez rissoler très doucement sans colorer.
2. Faites cuire la viande rapidement, sur barbecue ou à la poêle.
3. Pendant ce temps, incorporez le reste de beurre dans la casserole, en battant au fouet, pour lier légèrement. Retirez du feu. Ajoutez du poivre et le roquefort émietté. Versez sur les entrecôtes et servez aussitôt sur des assiettes chaudes.

Camping-Caravaning
Barbecue
Bateau
Coin du feu

ENTREMETS DANOIS AUX FRUITS ROUGES

Pour 6 ou 8, il faut :
1 kg de fruits rouges variés : fraises, framboises, cassis, myrtilles, cerises, etc. (frais ou surgelés),
150 g de sucre,
5 cuil. à soupe de fécule.

Pour présentation :
amandes effilées,
sucre en poudre,
crème fraîche.

Préparation et cuisson : 20 mn
+ quelques heures au réfrigérateur

1. Mettez le mélange de fruits dans une casserole. Ajoutez un peu d'eau jusqu'au niveau des fruits. Portez à ébullition. Retirez du feu aussitôt et passez à la moulinette.
2. Ajoutez, sans attendre, fécule et sucre en poudre tout en mélangeant sans arrêt, pour obtenir l'épaisseur d'une crème pâtissière. Versez dans une grande coupe ou des coupes individuelles. Mettez au froid.
3. Présentez très frais, saupoudré de sucre et d'amandes. À part, de la crème fraîche nature, assez liquide.

Note
La crème fraîche utilisée pour cet entremets devrait être de la « fleurette ». Autrement dit, de la crème simple obtenue par écrémage du lait, reposant dans une terrine. Elle est deux fois moins grasse et plus fluide que la « crème double » que l'on trouve habituellement chez les commerçants. Il suffit donc de battre cette dernière avec un peu de lait pour obtenir la consistance souhaitable, très voisine de la crème anglaise. On peut aussi remplacer la crème par du fromage blanc brassé, très onctueux.

Camping-Caravaning
Brunch-Buffet
Coin du feu

PLAT PRINCIPAL

ESCALOPES NANA À LA CRÈME D'AVOCAT

Pour 4, il faut :
4 escalopes de veau,
30 g de beurre,
1 avocat,
quelques feuilles d'estragon coupé,
1 cuil. à soupe de crème fraîche,
1 jaune d'œuf,
1 cuil. à soupe de farine,
sel, poivre.

Préparation et cuisson : 15 mn

1. Saupoudrez les escalopes de farine. Faites-les cuire à la poêle, avec 30 g de beurre, de 4 à 5 mn de chaque côté, sur feu moyen.
2. Écrasez la chair de l'avocat à la fourchette en y ajoutant : estragon coupé, jaune d'œuf, crème, sel, poivre.
3. Retirez les escalopes cuites de la poêle mais laissez-y les sucs de cuisson. Délayez sur le feu vif avec un 1/2 verre d'eau. Ajoutez ensuite la purée d'avocat. Mélangez sur le feu un instant. Étalez sur les escalopes et servez aussitôt.

Camping-Caravaning
Bateau

GAZPACHO

Pour 4 ou 6, il faut :
4 tomates mûres,
1/2 bol d'eau,
3 cuil. à soupe d'huile,
2 cuil. à soupe de vinaigre,
1 gousse d'ail,
1 oignon,
2 cuil. à soupe de persil haché,
2 pincées de paprika,
sel, poivre.

Garniture :
1 poivron vert,
1/2 concombre,
1 cœur de céleri-branche,
1 tomate,
2 tranches de pain de mie.

Préparation : 20 mn
+ quelques heures au réfrigérateur

1. Pilez la gousse d'ail avec le sel. Hachez l'oignon très finement.
2. Épluchez les tomates. Épépinez-les. Coupez-en une seule en dés et gardez-les pour la fin, à part, pour la garniture. Passez les autres tomates au moulin-légumes.
3. Mélangez, dans un saladier, ces différents hachis avec 1/2 bol d'eau, 3 cuil. à soupe d'huile, 2 cuil. à soupe de vinaigre, autant de persil haché, de paprika et de poivre. Mettez au froid quelques heures. Vous y ajouterez quelques glaçons au dernier moment.
4. Garniture : coupez séparément en petits cubes : poivron, concombre, céleri-branche, pain de mie. Présentez-les avec les dés de tomates, dans des coupelles en même temps que le gazpacho. Les convives puiseront dedans selon leur goût.

Variante
Le gazpacho peut varier légèrement d'une région à l'autre. Ainsi, il peut être passé entièrement au mixer et se présenter comme une purée de tomate crue très légère. Ou bien, la garniture simplement hachée est parsemée sur le gazpacho juste avant de servir. Les dés de pain de mie peuvent être grillés ou frits à l'huile.

Camping-Caravaning
Bateau
Brunch-Buffet

HAMBURGERS

Pour 4, il faut :
500 g de steak haché,
1 échalote
(ou ail) hachée,
fines herbes hachées,
1 cuil. à soupe
de moutarde forte,
sel, poivre.

Pour cuisson :
huile, laurier,
thym, romarin.

Pour présentation :
4 petits pains ronds,
1 tomate,
feuilles de laitue,
4 lamelles de gruyère.

Préparation et cuisson : 15 mn

1. Malaxez la viande hachée avec tous les aromates. Formez 4 steaks bien compacts. Déposez-les sur une grande feuille d'aluminium huilée.
2. Arrosez-les d'un peu d'huile. Parsemez-les de laurier, thym, romarin. Laissez mariner un moment dans le papier replié.
3. Cuisson : déposez les hamburgers sur le gril en intercalant la feuille d'aluminium huilée au-dessus des braises. En fin de cuisson, faites réchauffer les pains fendus en 2, sur le gril.
4. Présentez chaque steak dans l'ouverture d'un petit pain chaud garni d'une feuille de laitue, fines tranches de tomate et de gruyère.

Variante
La cuisson des hamburgers peut se faire également à la poêle dans le beurre très chaud, environ 4 mn sur chaque face.
À défaut de gril, les pains fendus seront légèrement grillés sur une plaque d'amiante ou un diffuseur.

Camping-Caravaning
Barbecue
Bateau
Coin du feu

PLAT PRINCIPAL

HAMBURGERS À LA SAXONNE (variante)

Pour 4, il faut :
500 g de steak haché,
1 ou 2 oignons en rondelles,
75 g de gruyère râpé,
50 g de beurre,
noix de muscade,
huile,
sel, poivre.

Pour présentation :
4 petits pains ronds,
feuilles de laitue.

Préparation et cuisson : 20 mn

1. Dorez les oignons à la poêle avec un peu de beurre. Puis, à la place, cuisez les hamburgers (steak malaxé avec gruyère râpé, muscade, sel, poivre) à la poêle ou, préalablement huilés, sous le gril.
2. Présentez en superposant : pain, steak, rondelles d'oignons et pain pour finir.

Camping-Caravaning
Barbecue
Bateau
Coin du feu

HARENGS SAUCE LUCAS (filets de)

Pour 4, il faut :
1 sachet de filets de harengs saurs prêts à l'emploi.

Sauce :
3 œufs,
1 cuil. à soupe de moutarde forte,
5 cuil. à soupe d'huile,
4 cuil. à soupe de vinaigre,
1 échalote,
persil,
poivre.

Préparation et cuisson : 15 mn

1. Faites durcir les œufs 10 mn. Coupez-les en 2. Mettez les jaunes d'œufs de côté.
2. Sauce : hachez échalote et persil. Mettez dans un bol avec les jaunes d'œufs durs. Écrasez à la fourchette. Ajoutez-y 1 cuil. à soupe de moutarde, poivre. Incorporez, petit à petit, 5 cuil. à soupe d'huile. Puis 4 cuil. à soupe de vinaigre, pour obtenir une sauce épaisse.
3. Essuyez les filets de harengs avec du papier absorbant. Coupez-les en morceaux. Disposez-les dans un plat avec la sauce. Décorez avec les blancs d'œufs durs hachés ou passés au mouli-persil.

Note
N'ajoutez pas de sel dans la sauce, les harengs étant déjà suffisamment salés. Parfois même, un peu trop !

Truc
Pour les sauces froides à base d'huile, utilisez votre batteur électrique qui vous donnera un mélange onctueux beaucoup plus rapidement que la fourchette.

Camping-Caravaning
Bateau
Brunch-Buffet
Coin du feu

PANACHÉ DE POISSON

Pour 4, il faut :
1 boîte de saumon au naturel,
100 g de semoule,
1/2 l d'eau,
20 g de beurre,
50 g de gruyère,
1 boîte de sauce tomate,
sel, poivre.

Moule profond ou à soufflé.

Préparation et cuisson : 15 mn
+ 2 h au réfrigérateur

1. Faites chauffer 1/2 l d'eau avec sel et poivre. Dès l'ébullition, jetez-y la semoule en pluie et 1 noix de beurre. Mélangez pendant les 10 mn de cuisson.
2. Étalez la moitié de la semoule très chaude au fond d'un moule profond. Mélangez le poisson effeuillé avec gruyère râpé et sauce tomate bouillante. Versez dans le moule. Recouvrez avec le reste de semoule. Mettez au frais quelques heures. Servez, démoulé ou non, avec une salade.

Camping-Caravaning
Bateau
Pique-nique

PÊCHES MELBA

Pour 4, il faut :
4 pêches fraîches (ou au sirop),
2 cuil. à soupe de gelée de framboises ou de groseilles,
2 cuil. à soupe de kirsch (ou autre alcool),
1/2 l de glace à la vanille,
un peu d'amandes effilées ou de noisettes pilées,
crème Chantilly en bombe (facultatif).

4 coupelles.

Préparation : 15 mn

1. Délayez sur feu doux la gelée avec 2 cuil. d'alcool, juste pour la liquéfier.
2. Pelez les pêches ou, si elles sont au sirop, égouttez-les. Ôtez le noyau s'il y a lieu.
3. Répartissez la glace dans 4 coupelles. Déposez dessus les demi-pêches, une touche de crème Chantilly et de la gelée liquéfiée. Terminez en parsemant d'amandes effilées ou de noisettes pilées.

Variante

Pour un dessert d'enfants, délayez la gelée avec un peu d'eau à la place d'alcool. Ils apprécieront davantage.

Truc

Les pêches fraîches sont plus ou moins faciles à peler, suivant leur variété et leur degré de maturité. Si elles résistent, plongez-les quelques secondes seulement dans de l'eau en ébullition. La peau s'ôtera beaucoup mieux ensuite.

Camping-Caravaning
Bateau
Brunch-Buffet

PLAT PRINCIPAL

POULET AU SEL

Pour 4, il faut :
1 poulet de 1,600 kg
de qualité supérieure,
1 branche d'estragon,
poivre,
3 kg de gros sel.

1 cocotte ovale
(fonte, Pyrex
ou terre),
1 grande feuille de
papier d'aluminium.

Cette recette est parfaite pour la ligne car elle ne réclame aucune matière grasse !

Préparation et cuisson : 1 h 30

1. Poivrez l'intérieur du poulet. Ne le salez pas. Vous pouvez y glisser une branche d'estragon.
2. Dans le fond d'une cocotte habillée d'une feuille de papier d'aluminium, étalez 1 kg de sel. Dessus, déposez le poulet sur son bréchet ( ) (os de poitrine). Entourez-le et couvrez-le complètement de sel. Couvrez la cocotte de son couvercle, ou à défaut, d'une feuille d'aluminium.
3. Placez le récipient 10 mn sur feu vif, puis à four chaud (th. 6-7) 1 h 15. Au bout de ce temps seulement, découvrez la cocotte. A l'aide d'une fourchette à rôtir, retirez le poulet de son enveloppe de sel. Essuyez-le légèrement pour en ôter les quelques grains qui y seraient restés collés. Découpez et servez. La peau seule du poulet est un peu salée (comme la poularde croque au sel). Par contre, la chair juteuse, est presque fade...

Variante
Vous n'avez pas de four en vacances ! Alors, cuisez le poulet au sel sur le feu assez vif, sans trop. À vous de juger. Au bout de 1 h 15 - 1 h 30 au maximum, il sera très bien.

(*) Note
Il est important de déposer le poulet sur son bréchet car s'il était mis sur le dos — comme d'habitude — le sel risquerait de pénétrer à l'intérieur en quantité suffisante pour que l'animal soit affreusement salé !

Camping-Caravaning
Coin du feu

RATATOUILLE NIÇOISE

Pour 4, il faut :
3 oignons,
4 aubergines,
4 courgettes,
500 g de tomates,
2 poivrons,
1 bulbe de fenouil (facultatif),
1 boîte de fonds d'artichauts (facultatif),
1 verre d'huile d'olive,
2 gousses d'ail,
bouquet garni,
sel, poivre.

Préparation et cuisson : 1 h 45
Cuisson en autocuiseur : 35 mn

1. Épluchez et coupez : les oignons en lamelles, les aubergines, les courgettes et les tomates en morceaux, les poivrons et le fenouil, en lanières.
2. Faites chauffer 1/2 verre d'huile d'olive dans une grande poêle. Faites revenir les légumes séparément dedans, en commençant par les aubergines. Transvasez-les ensuite dans une grande cocotte. Remettez un peu d'huile dans la poêle. Faites sauter à leur tour les courgettes. Ajoutez-les dans la cocotte sans mélanger. Puis, ensemble, tomates, poivrons et oignons. Mettez le tout dans la cocotte. Déposez dessus le fenouil en morceaux, ail, bouquet garni, sel, poivre. Couvrez et laissez mijoter à feu très doux de 1 h à 1 h 30 (en autocuiseur : 30 à 35 mn). Si le jus est trop abondant, découvrez à mi-cuisson.
3. En fin de cuisson, déposez sur la ratatouille les fonds d'artichauts coupés en 4, juste pour les réchauffer. Présentez la ratatouille chaude pour accompagner une viande.
Mais la ratatouille froide fait une excellente entrée pour un repas estival.

Trucs

Pour obtenir une ratatouille bien confite, non réduite en purée : les légumes sautés séparément sont disposés, par couche, dans la cocotte. Il est hors de question de mélanger pendant la cuisson.

Interposez un diffuseur entre la cocotte et la flamme pour éviter qu'elle n'attache au fond.

Camping-Caravaning
Bateau
Brunch-Buffet
Pique-nique

PLAT PRINCIPAL

ROUGAIL DE MORUE

Le rougail est une sorte de purée épaisse, à base de tomates et d'oignons, généreusement relevée de gingembre, d'ail et de piment, que l'on prépare en Afrique noire.
Le rougail est un excellent accompagnement pour les rôtis de viande et surtout pour la morue.

Pour 4, il faut :
1 boîte de 500 g de filets de morue,
1/3 de verre d'huile d'olive,
500 g de tomates,
150 g d'oignons,
2 gousses d'ail,
1 cuil. à café de gingembre en poudre,
1 petit piment fort,
thym, persil,
un peu de farine,
sel, poivre.

Préparation et cuisson : 1 h
+ dessalage

1. La veille : mettez à dessaler les filets de morue, dans beaucoup d'eau froide, renouvelée plusieurs fois.
2. Épongez la morue dessalée. Ôtez la peau et les arêtes. Coupez-la en carrés. Farinez légèrement. Faites dorer à la poêle avec de l'huile bien chaude.
3. Coupez les oignons en rondelles. Épluchez et épépinez les tomates. Écrasez les 2 gousses d'ail et le petit piment. Ajoutez le tout sur la morue ainsi que : gingembre, thym, persil haché, un peu de sel. Couvrez et laissez mijoter 3/4 d'heure. Retournez le poisson en cours de cuisson. Servez avec du riz nature ou des pommes de terre à l'eau.

Truc
Du rougail de morue réussi : la sauce doit être presque entièrement absorbée par la morue, à la fin de la cuisson. Vous jugerez peut-être utile de découvrir le récipient en cours de cuisson, pour laisser évaporer le jus des tomates plus ou moins aqueuses.

Camping-Caravaning
Bateau
Coin du feu

SALADE ARABE

Pour 4, il faut :
3 ou 4 tomates,
1 concombre,
1 poivron,
1 échalote,
2 tranches
de pain de mie,
3 feuilles
de menthe fraîche,
persil ou coriandre.

Vinaigrette :
4 cuil. à soupe
d'huile d'olive,
1 cuil. à soupe
de vinaigre,
paprika,
sel, poivre.

Préparation : 30 mn

1. Épluchez le concombre. Tranchez-le en fines rondelles. Salez-le abondamment. Laissez-le dégorger au frais.
2. Épépinez le poivron et coupez-le en fines lanières. Hachez : échalote, menthe et persil (ou coriandre fraîche, de préférence). Coupez les tomates en quartiers. Essorez le concombre dans un linge ou pressez-le à la main, pour ôter le plus d'eau possible. Mélangez le tout.
3. Coupez le pain de mie en petits dés. Disposez-les sur la salade. Versez dessus la vinaigrette très aromatisée de 2 ou 3 pincées de paprika. Servez aussitôt.

Camping-Caravaning
Bateau
Brunch-Buffet
Pique-nique

ENTRÉE FROIDE

SALADE MÉRIDIONALE AUX HARICOTS BLANCS

Pour 4, il faut :
1 boîte
de haricots-grains,
1 boîte d'anchois,
4 œufs durs,
quelques radis,
2 tomates,
olives, cornichons,
1 cœur de salade,
1/2 poivron à l'huile.

Vinaigrette :
5 cuil. d'huile,
1 cuil. 1/2
de vinaigre,
1 cuil. à café
de moutarde,
1 échalote et
1 gousse d'ail hachées,
persil,
sel, poivre.

Camping-Caravaning
Bateau
Brunch-Buffet
Pique-nique

Préparation : 15 mn

1. Rincez et égouttez bien les haricots. Ajoutez-y la vinaigrette, poivron haché, olives, radis et cornichons en rondelles.
2. Disposez dans un saladier déjà garni de feuilles de salade. Décorez avec quartiers d'œufs durs, tomates et anchois.

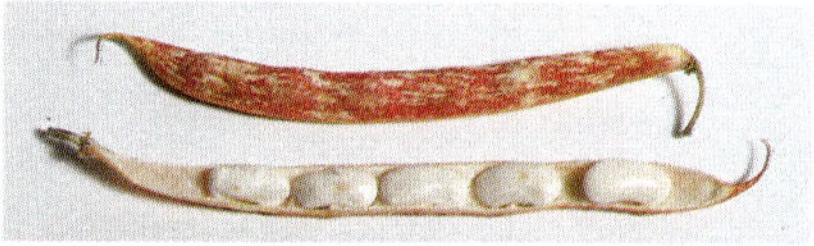

Variantes
À partir d'une simple salade de haricots-grains accommodés avec cette vinaigrette bien aromatisée (voir ci-dessus), vous pouvez obtenir des salades composées assez variées, en y ajoutant les éléments suivants :
— 2 saucisses de Francfort coupées en tranches (mises à l'eau froide juste portée à ébullition) ;
— ou 1 cervelas en tranches ;
— ou thon à l'huile ou nature ;
— ou céleri-branche et gruyère en bâtonnets ;
— ou gésiers d'oie confits (en boîte) ;
— ou tranches de filets de magrets de canard fumés ou séchés ;
— ou lamelles de poulet fumé ;
— ou petits bouquets de chou-fleur, dés de concombre, de fonds d'artichauts (en boîte), fines herbes ;
— ou haricots verts, quartiers de tomates, fenouil.

ENTRÉE FROIDE

SALADE DE MOULES

Pour 4, il faut :
100 g de coquillettes,
2 l de moules,
1 noix de beurre,
1/2 verre de vin blanc sec,
1 échalote hachée,
persil haché.

Vinaigrette :
5 cuil. à soupe d'huile,
1 1/2 cuil. à soupe
de vinaigre de vin,
fines herbes (ciboulette,
persil) hachées,
poivre, très peu de sel.

Pour décorer :
1 ou 2 tomates
en rondelles,
un peu d'huile,
sel, poivre.

Préparation et cuisson : 30 mn
+ temps de refroidissement

1. Faites cuire les coquillettes dans beaucoup d'eau bouillante salée, le temps indiqué sur le paquet (environ 15 mn).
2. Pendant ce temps, dans une grande casserole (ou une sauteuse) faites cuire très doucement l'échalote hachée avec une noix de beurre et 1/2 verre de vin blanc, jusqu'à évaporation presque complète du liquide.
3. Grattez les moules et lavez-les. Jetez-les dans la casserole remise sur feu vif, pendant 5 mn environ. Ne salez surtout pas. Couvrez et secouez plusieurs fois. Dès que les moules sont toutes ouvertes, retirez-les du feu et décoquillez-les.
4. Sauce : dans un saladier, mélangez tous les éléments de la vinaigrette et 3 ou 4 cuil. à soupe du jus des moules, tamisé au besoin pour éliminer le sable.
5. Versez les coquillettes bien égouttées dans le saladier. Mélangez-les aussitôt avec les moules et la sauce. Laissez tiédir et refroidir complètement. Dessus, disposez en couronne des rondelles de tomates, arrosées d'un filet d'huile, salées et poivrées.

Notes

Doublez, ou presque, toutes ces quantités pour un plat principal.

Les coques peuvent s'accommoder de la même manière, mais prenez garde au sable qu'elles contiennent souvent.

Camping-Caravaning
Bateau
Coin du feu

ENTRÉE FROIDE

SALADE DE SURIMI AUX GERMES DE SOJA

Pour 4 ou 5, il faut :
250 g de surimi,
1 bol de germes de soja (frais ou en boîte),
1 échalote, ciboulette ou civette hachée,
1 bol de haricots verts cuits,
4 ou 5 champignons en lamelles,
1 quartier de citron.

Sauce vinaigrette épicée :
5 cuil. à soupe d'huile,
1 1/2 cuil. à soupe de vinaigre,
1 cuil. à café de purée de piment (chinoise),
sel, poivre.

Facultatif :
mayonnaise (toute préparée),
ketchup.

Préparation : 15 mn

1. Coupez le tiers des bâtonnets de surimi en rondelles.
2. Effilochez le reste en le mélangeant avec les germes de soja, le hachis d'échalote, la ciboulette ou la civette et une partie de la vinaigrette. Si possible, laissez macérer au frais 1 h. Coupez les champignons en lamelles. Citronnez-les.
3. Présentation : disposez la salade sur un plat, les rondelles de surimi à la surface, les haricots verts et lamelles de champignons autour. Arrosez-les avec le reste de vinaigrette.

Variante
Vous pouvez servir à part une mayonnaise assez fluide (faite maison ou toute préparée) aromatisée de ketchup plus ou moins épicé.

Camping-Caravaning
Bateau
Brunch-Buffet

ENTRÉE FROIDE

SALADE VERTE AUX CHEVROTINS GRILLÉS

Pour 4, il faut :
4 petits fromages de chèvre frais (ou 2 moyens, à couper en 2),
2 cuil. à soupe d'huile d'olive,
quelques pincées de thym effeuillé ou de romarin,
quelques pincées de poivre concassé (mignonnette),
1 ou 2 gousses d'ail écrasées.

Salade verte (pissenlit ou frisée), vinaigrette.

Marinage : quelques heures ou depuis la veille, au réfrigérateur.
Réchauffage : 5 mn

1. À l'avance : dans une assiette, enrobez les fromages d'huile d'olive, thym effeuillé ou romarin, poivre. Ajoutez l'ail écrasé. Couvrez et laissez macérer au frais pendant quelques heures et même jusqu'au lendemain.
2. Au moment du repas, préparez une salade verte comme à l'accoutumée.
3. Mettez les chevrotins sur une plaque — pas sur une grille car ils couleraient — et faites-les chauffer très peu de temps sous le grilloir ou sur le barbecue.
Dès qu'ils commencent à se ramollir et s'effondrer, placez-les sur la salade verte répartie dans les assiettes et servez aussitôt.

Camping-Caravaning
Barbecue
Brunch-Buffet
Coin du feu

SOUPE AU PISTOU
(en autocuiseur)

Pour 4, il faut :
125 g de haricots verts,
125 g de blancs de poireaux,
125 g de carottes,
125 g de navets,
125 g de céleri-rave,
2 grosses pommes de terre,
2 tomates moyennes ou 1 cuil. à soupe de concentré de tomates,
125 g de haricots-grains (frais ou surgelés),
50 g de spaghetti.

Pistou :
2 gousses d'ail,
1 poignée de feuilles de basilic frais,
1/2 verre d'huile d'olive,
50 g de parmesan.

Camping-Caravaning
Coin du feu

Préparation et cuisson en autocuiseur : 40 mn

1. Mettez à bouillir 2 l d'eau dans l'autocuiseur. Préparez tous les légumes et coupez-les en petits dés.
Jetez-les dans l'eau bouillante salée. Fermez l'autocuiseur et laissez cuire 30 mn environ à partir du moment où la soupape chuchote.
2. Au bout de ce temps, ouvrez l'autocuiseur. Le potage continuant de bouillir à l'intérieur, jetez-y les spaghetti cassés en tronçons. Mélangez et reportez à ébullition 10 mn sans couvrir.
3. Pistou : pilez avec le dos d'une cuiller en bois les gousses d'ail et les feuilles de basilic. Ajoutez-y le parmesan râpé, puis l'huile peu à peu en mélangeant comme une mayonnaise pour émulsionner le tout.
Servez la soupe non passée, et, à part, le pistou dans un bol. Chacun en prendra la quantité qui lui convient et le mélangera dans son assiette.

Variante
Des haricots-grains en boîte peuvent faire l'affaire. Mais vous ne les ajouterez qu'en fin de cuisson, en même temps que les spaghetti.

SPAGHETTI ALLA MARINARA

Pour 4, il faut :
250 g de spaghetti,
1,500 kg de coquillages variés : praires, palourdes, coques, moules, pétoncles,
30 g de beurre,
1 branche de céleri,
1 boîte de sauce tomate toute préparée,
sel, poivre.

Préparation et cuisson : 45 mn

1. Nettoyez les coquillages. Mettez-les sur le feu dans une casserole avec 1/2 l d'eau non salée et une branche de céleri hachée. Poivrez abondamment. Dès qu'ils sont ouverts, égouttez-les mais gardez le jus. Retirez-les de leur coquille.
2. Jetez les spaghetti dans beaucoup d'eau bouillante salée. Laissez bouillir 9 mn seulement. Égouttez-les (*). Puis mélangez-les avec la sauce tomate toute préparée et le beurre.
3. Passez le jus des coquillages à travers une passoire fine garnie d'un papier absorbant pour éliminer le sable. Versez-le sur les spaghetti. Laissez mijoter à feu doux jusqu'à absorption complète du jus et servez bien chaud.

Variante
Pour une petite réception vous soignerez la présentation avec quelques langoustines (cuites à l'eau salée 5 mn avec leur carapace).

Note
(*) Les spaghetti vont continuer de cuire avec le jus des coquillages. Il faut donc en écourter la première cuisson et les égoutter alors qu'ils sont encore très fermes sous la dent.

STEAKS VARIATIONS

Pour 4, il faut :
4 beefsteaks,

1 oignon,
persil ou ciboulette,
câpres,
moutarde forte,
ail,
ketchup,
sel, poivre.

A part, 4 jaunes d'œufs.

AMÉRICAIN

(steak haché cru)
Mélangez la viande hachée crue avec hachis d'oignon et de fines herbes, 3 cuil. à soupe de câpres, 2 cuil. à soupe de moutarde, 1 cuil. à soupe de ketchup (facultatif). Épicez bien. Creusez chaque steak. Mettez 1 jaune d'œuf dans l'alvéole.

1 échalote,
vin blanc sec,
farine,
persil haché,
tomate concentrée,
beurre.

BERCY

Retirez les steaks cuits de la poêle. À la place, faites «fondre» l'échalote hachée sur feu très doux sans laisser colorer. Puis versez 3/4 de verre de vin blanc, 1 pois de tomate concentrée, sel, poivre. Mélangez 2 mn sur le feu assez vif. Incorporez une noix de beurre pétrie avec 1/2 cuil. à café rase de farine. Tournez jusqu'à épaississement. Versez sur les steaks. Servez avec du persil haché.

2 échalotes,
100 g de champignons,
vin blanc sec,
tomate concentrée,
farine,
persil haché,
beurre.

CHASSEUR

Retirez les steaks cuits de la poêle. Mettez à la place, échalotes et champignons hachés. Dès qu'ils sont dorés, ajoutez 1 verre de vin blanc, 1 cuil. à café de tomate concentrée. Laissez évaporer de moitié sur le feu. Pour épaissir, incorporez 1 noix de beurre pétrie avec 1 cuil. à café rase de farine. Retournez les steaks dans cette sauce. Servez avec du persil haché.

PLAT PRINCIPAL

THON FRAIS À L'ESPAGNOLE

Pour 4, il faut :
1 tranche épaisse de thon de 1 kg,
30 g de beurre,
8 filets d'anchois,
2 oignons,
3 gousses d'ail,
1/4 l de vin blanc sec,
1 cuil. à café de paprika,
1 cuil. à soupe de câpres,
ratatouille en grande boîte ou surgelée,
persil,
sel, poivre.

Marinade :
1/2 verre d'huile,
thym, laurier, romarin,
8 grains de poivre,
1 petit piment fort.

Préparation et cuisson : 1 h
+ marinage : la veille

1. La veille, piquez le thon avec les filets d'anchois. Laissez-le mariner avec huile, thym, laurier, romarin, poivre en grains, petit piment fort. Couvrez. Retournez la tranche plusieurs fois pendant le marinage.
2. Égouttez le thon. Faites-le dorer de toute part, dans une cocotte, avec 30 g de beurre. Ajoutez ensuite : oignons et ail hachés, vin blanc, paprika et le contenu d'une grande boîte de ratatouille. Couvrez. Laissez mijoter 30 mn sur feu doux, ou à four moyen (th. 5-6).
3. Déposez le thon dans un plat chaud. Reportez la sauce sur le feu. Laissez bouillir quelques minutes si elle est trop liquide. Ajoutez-y câpres et persil haché. Versez sur le thon et servez.

En garniture, vous présenterez du riz nature cuit à grande eau aromatisée de thym, de romarin et d'ail. Parsemez-le de quelques pincées de safran et de noisettes de beurre avant de servir.

Variante
Le thon à l'espagnole est aussi bon froid que chaud. Le riz en salade sera tout indiqué pour l'accompagner.

Camping-Caravaning
Bateau

1989
CRU BOURGEOIS
Château
BELLEGRAVE
MÉDOC
CHATEAU
BELLEGRAVE

LE COIN DU FEU

Le coin du feu, qu'il soit celui d'une résidence secondaire de week-end ou d'un chalet de montagne, est l'endroit irrésistiblement attirant le soir, pour rêvasser, bavarder et, bien sûr, se restaurer en compagnie !
Le coin du feu a d'autres avantages encore. Il rend plus amusant, en le simplifiant, le travail de la « chargée-de-cuisine » dont la compétence s'accroît à chaque expérience. Il est plaisant, en effet, de faire dans la cheminée une cuisine campagnarde, et simple certes, puisqu'il s'agit de grillades, sans s'écarter de ses invités et sans se priver de leur conversation. Et si l'on ne cuisine pas directement dans la cheminée, celle-ci peut rester l'élément chaleureux qui inspire les dîners amicaux où l'on dévore avec appétit des plats solides, plus ou moins longuement mijotés sur la cuisinière. Par exemple, avez-vous essayé de déguster une choucroute à la lueur des bûches, ou encore un couscous, tandis que brochettes et merguez grillent doucement dans l'âtre ? Une fondue savoyarde, une poule au pot, une potée, une tourte au fromage ?
Après avoir parcouru ce chapitre qui survole la question des réceptions au coin du feu, reportez-vous à l'un des trois index à la fin de ce livre p. 300 ; ils vous réservent quantité d'idées.

1. Matériel

Allumage

La cheminée est garnie de chenets. À défaut de chenets, deux grosses bûches, ou des briques, placées parallèlement à une certaine distance l'une de l'autre feront l'affaire. Les chenets ou les bûches de remplacement sont destinés à soutenir le bois un peu au-dessus du sol de la cheminée, permettant une libre circulation de l'air.
Sur les chenets, mettez des branchages séchés, planches cassées, pommes de pin, tampons de papier journal et, pour caler le tout, une bûche moyenne posée à l'avant, en travers des chenets.
Un cageot sera parfait pour couronner le tout, ses planchettes espacées permettront aux flammes de s'étendre rapidement. Restez près de la cheminée pendant le premier quart d'heure pour éviter un accident : les branches peuvent s'effondrer, produire des étincelles, projeter des parcelles enflammées. Ce n'est rien si vous êtes là, pelle en main, pour parer au feu ! Une fois le feu bien parti, ajoutez des branches plus grosses, puis des bûches moyennes. Évitez les bûches trop importantes qui demandent beaucoup de temps pour se transformer en braises.

Charbon de bois

Ayez-en un petit sac en réserve. Il n'est pas du tout indispensable mais peut se révéler d'un grand secours pour faire prendre le feu par temps humide. Il peut aussi soutenir un feu qui commence à faiblir avant que la cuisson ne soit menée à son terme.

Feu

Il ne doit plus flamber. Attendez la présence de grosses braises rougies pour déposer, au-dessus, le gril garni des pièces à cuire. La couche de braises sera plus ou moins fournie selon le temps de cuisson prévu. Il est évident que des brochettes seront moins exigeantes qu'un gigot ou qu'une côte de bœuf très épaisse.
De toute manière, il est prudent d'allumer le feu 1 h à l'avance. Et de le surveiller. Car, même s'il est bien parti, le risque est grand de le voir retomber ou se consumer complètement avant le début de la cuisson.
Entretenez donc votre feu, ajoutez-y généreusement du combustible pour obtenir un bon lit de braises au moment voulu. Il n'y en a jamais trop. D'autant plus que vous pouvez repousser le surplus sur le côté de la cheminée. Cette réserve peut vous être précieuse lors d'une cuisson prolongée.
Si les braises se mettent à flamber sous l'effet des gouttes de graisse tombant d'une viande en train de griller, éteignez-les (pas avec de l'eau...) avec un peu de cendre.

2. Préparation et organisation

Barbecue

Le mode de cuisson de la cuisine dans la cheminée est très voisin du barbecue. Consultez donc le chapitre « Le Barbecue » p. 8, où bien des conseils pratiques et éprouvés pourront vous être utiles au coin du feu.

Plats folkloriques

C'est autour d'eux que s'articule souvent un menu de coin du feu ou de week-end pour régaler les amis. Ce sont de solides plats campagnards comme la choucroute, l'ailloli, l'aligot auvergnat, la fondue savoyarde ou des spécialités exotiques, piquantes, telles que le couscous, la paella, les spaghetti alla marinara, ou bien encore la joyeuse fondue bourguignonne.

Vous en trouverez tout un choix en consultant l'index des recettes, à la fin de ce volume.

Vide-ordures

Il est inexistant puisque tout, ici, commence et finit par le feu.
Cependant, évitez de jeter les os dans le foyer pour vous en débarrasser. Ils brûlent parfaitement bien, c'est certain, mais étant donné l'odeur qu'ils dégagent à l'extérieur de la maison en se consumant, vous risqueriez de passer, auprès de vos voisins, pour un nouveau Landru.

3. Trucs et recettes minute

Cuisson d'une grosse pièce (gigot, épaule, rôti)

L'opération peut demander 1 h et même 1 h 30. C'est dire que la cuisson doit se faire à feu moyen et sous une surveillance vigilante. Il faut saisir la pièce légèrement huilée, assez près du feu, puis, quand elle est harmonieusement dorée (pas carbonisée) l'éloigner un peu du feu, en rafraîchir la croûte avec un peu de marinade (voir ce mot, p. 16, chapitre « Le Barbecue »), la retourner, la badigeonner encore de marinade, la rapprocher du feu si besoin est, etc.
De plus, en évitant de vous brûler les doigts — mais c'est un des risques du métier — tâtez la viande de temps en temps pour vérifier le degré de souplesse de la croûte. S'il s'agit d'une côte de bœuf, glissez le doigt entre l'os et la viande pour évaluer la chaleur de l'intérieur. La viande est cuite à point quand sa croûte est ferme, un peu croustillante et l'intérieur assez chaud pour n'être pas supporté longtemps par votre doigt ! Mais elle n'est pas encore prête à servir : éloignez-la du feu et laissez-la dans l'âtre dix minutes ou un quart d'heure avant de la découper. Elle sera parfaite, chaude et juteuse à point.

Retardataires

Votre côte de bœuf ou votre gigot sont saignants à point, ni trop ni trop peu. Et vos invités ne sont pas prêts à passer à table, certains ne sont même pas arrivés ! Ne vous affolez pas. Enveloppez complètement la viande d'une triple ou quadruple épaisseur de feuille d'aluminium et remettez-la dans l'âtre, un peu à l'écart des braises. J'en ai fait l'expérience : après plus d'une heure d'attente, ma côte de bœuf était encore très convenable. Il vaut mieux tout de même que les retardataires s'amendent et soient à l'heure la fois suivante !

Fromages à cuisiner au coin du feu

Avec les sports d'hiver, les jeunes générations redécouvrent les mérites du fromage dans la cuisine. La fondue est, pour elles, plus qu'un régal, c'est un rite. Mais la fondue n'est pas, et de loin, la seule ni la meilleure variété de cuisine au fromage.

S'il existe vraiment 365 fromages en ce pays, disons qu'un sur trois convient à la cuisine et qu'il y a des dizaines et des dizaines d'aliments se prêtant à un harmonieux mariage. Le gruyère, l'emmenthal, le cantal, le chèvre frais et le roquefort sont les plus couramment cités dans les recettes.

Parmi les plus utilisés dans la cuisine :

Le gruyère et l'emmenthal

Le gruyère n'a pas de trous, ou presque pas. C'est l'emmenthal qui présente des cavités nombreuses, aussi grosses que des cerises.

La différence entre ces deux fromages n'est pas seulement une affaire de trous... c'est aussi une affaire de goût : la saveur du gruyère est plus accentuée et également plus piquante que celle de l'emmenthal.

Pour le soufflé au fromage, utilisez du gruyère de préférence.

Le sbrinz, fabriqué en Suisse, est une pâte sans trou, au goût assez corsé. Comme il est cher, il est plutôt utilisé, finement râpé, à la place du parmesan. Il convient particulièrement aux pâtes, rizotto, minestrone et gratins.

Le cantal

Alors que gruyère, emmenthal et sbrinz sont des fromages à pâte cuite, le cantal est une pâte pressée, non cuite. Il est affiné plusieurs mois avant d'être offert à la consommation.

Le cantal râpé entre dans la préparation de spécialités régionales telles que la soupe auvergnate (voir recette p. 86).

Autrefois saisonnier, le cantal frais est en vente, maintenant, presque toute l'année dans les magasins de produits d'Auvergne.

Le roquefort

C'est le fromage français le plus typé, le plus exceptionnel : exclusivement préparé avec du pur lait de brebis entier, il ne peut être affiné que dans les caves naturelles du Roc-au-Combalou qui enserrent le petit village de Roquefort. Le roquefort s'associe parfaitement aux pâtes, aux viandes blanches, aux œufs, à certains poissons même. Sans parler des multiples entrées à base de roquefort dont le parfum fait bien augurer du reste du repas ! (Voir aussi « Dégustation de fromages », p. 102, au chapitre « Le Brunch-Le Buffet ».)

Haddock et filets de poisson fumé

On s'en régale l'hiver lorsqu'ils s'accompagnent de pommes de terre cuites dans leur peau, au four ou dans la cheminée. On peut griller, au-dessus des braises, haddock et filets de poisson fumé, juste huilés ou habillés d'une papillote d'aluminium.

Véritable haddock et filets de poisson fumé

Tous proviennent de poissons de la famille des gades (églefin, lieu, cabillaud).

— **Filets de poisson fumé** : ils sont souvent assez gros, charnus et d'un jaune très soutenu, sans peau, ni arêtes.

À cause de cette épaisseur, ils restent moelleux après cuisson et cela peut les faire préférer au véritable haddock.

— **Haddock** : le seul qui ait droit à l'appellation « haddock », le véritable « finan haddock » est de l'églefin (« anon » dans certaines régions) légèrement fumé, plus clair, plus petit, plus mince et moins fort que les filets fumés.

Pour les différencier : sachez que le haddock a une peau très fine d'un côté, tandis que les autres filets sont dépouillés entièrement.

BLANQUETTE À L'ANCIENNE

Pour 4, il faut :
1 kg d'épaule de veau en gros cubes,
30 g de beurre,
1 cuil. à soupe d'huile,
2 cuil. à soupe de farine,
1 oignon,
2 clous de girofle,
1 carotte,
bouquet garni,
2 bols d'eau chaude,
persil haché,
sel, poivre.

Liaison :
1 jaune d'œuf,
2 cuil. à soupe de crème fraîche.

Préparation et cuisson : 1 h 45
Cuisson en autocuiseur : 35 mn

1. Faites revenir légèrement la viande dans une cocotte avec 30 g de beurre et 1 cuil. d'huile, la carotte et l'oignon coupés. Saupoudrez de farine. Mélangez pour laisser cuire légèrement.
2. Ajoutez 2 bols d'eau chaude, bouquet garni, 2 clous de girofle, sel, poivre. Couvrez. Laissez cuire à feu doux 1 h 15 (35 mn en autocuiseur).
3. Quand la viande est cuite, égouttez-la et tenez-la au chaud dans le plat de service. Laissez la cocotte à découvert sur le feu pour laisser réduire la sauce de cuisson. Ôtez le bouquet garni et la carotte.
4. Liaison : dans une grande terrine, délayez jaune d'œuf et crème. Puis, petit à petit, incorporez toute la sauce en tournant vivement avec un fouet à sauce ou une cuiller en bois. Versez sur la viande. Saupoudrez avec un peu de persil haché. Servez aussitôt avec pommes de terre à l'eau ou riz.

Trucs

Juste avant la fin, vous pouvez ajouter des petits champignons de Paris préalablement revenus au beurre et aspergés de jus de citron.

La sauce, une fois liée au jaune d'œuf, ne peut plus retourner sur le feu. En conséquence, pour tenir la blanquette au chaud, une seule solution : le bain-marie.

BRANDADE DE MORUE PROVENÇALE

La brandade n'est ni difficile, ni longue à préparer, surtout — soyons moderne — si, à la place du pilon et du mortier traditionnels, on utilise un moulin-légumes, un mixer ou un batteur électrique, pour la broyer.
La brandade toute simple, servie avec pommes de terre, en purée ou à la vapeur, est l'ordinaire d'un repas familial. Mais elle supporte des présentations plus sophistiquées : sur canapé, en bouchée, en tartelette, ou même ornée de lamelles de truffe.
Vous pouvez maintenant trouver de la brandade toute préparée en toute saison, en boîte ou surgelée.

Pour 6 ou 8, il faut :
500 g de filets de morue,
1 oignon,
bouquet garni,
1 gousse d'ail,
1 verre 1/2 d'huile d'olive,
1 verre de lait,
sel, poivre.

Garniture :
6 ou 8 tranches de pain de mie,
75 g de beurre.

Préparation et cuisson : 1 h
+ dessalage

1. La veille : mettez la morue à dessaler dans beaucoup d'eau froide. Changez cette eau plusieurs fois.
2. Cuisson : mettez les filets dans une casserole d'eau froide avec le bouquet garni, l'oignon et le poivre. Faites chauffer lentement.
Dès l'ébullition, retirez du feu. Laissez tiédir 7 mn dans le court-bouillon. Égouttez. Retirez peau et arêtes et effeuillez les filets. Broyez-les (toujours chauds) très finement avec un pilon, moulin-légumes ou mixer. Écrasez en même temps l'oignon du court-bouillon et 1 gousse d'ail crue. Salez si nécessaire.
3. Faites chauffer assez fortement 1/2 verre d'huile dans un poêlon épais. Jetez-y la morue et l'oignon en purée. Travaillez énergiquement.

Coin du feu
Brunch-Buffet

BRANDADE DE MORUE PROVENÇALE (suite)

4. Mettez à tiédir le lait et l'huile, dans 2 petites casseroles différentes. Incorporez-les doucement à la purée de morue (un peu de l'un, un peu de l'autre), en mélangeant vigoureusement. Salez légèrement. Poivrez bien. Lorsque la brandade est terminée, elle doit avoir la consistance d'une purée de pommes de terre crémeuse.
Présentez-la en dôme, sur un plat rond.
Piquez dedans quelques triangles de pain de mie dorés à la poêle.

Variante

BRANDADE NIÇOISE
Cette préparation est plus facile que la précédente. On y ajoute 1 ou 2 pommes de terre, préalablement bouillies, qui donnent rapidement du moelleux à l'ensemble. Mais augmentez la quantité d'huile d'olive car la pomme de terre en est gourmande. Et relevez le tout du jus d'un citron et d'un peu de gruyère râpé.

Trucs
Les secrets de la brandade : la morue broyée doit être chaude quand on y ajoute huile et lait.

Les quantités d'huile et de lait sont légèrement variables ; elles dépendent de ce que la morue peut absorber, allez-y progressivement comme pour une mayonnaise.

Certains cuisiniers ajoutent 1 ou 2 cuil. de béchamel à la brandade terminée, pour la « lier ». C'est une astuce à connaître !

PRÉSENTATIONS DE BRANDADES

Brandade en bouchée

Faites tiédir, au four, des bouchées achetées toutes préparées. Faites également chauffer de la brandade. Emplissez-en les bouchées. Saupoudrez chacune d'une pincée de gruyère râpé. Mettez à four chaud quelques minutes. Servez ces bouchées recouvertes de leur couvercle.

Brandade en brioche

Les petites brioches, creusées, seront traitées comme les croûtes à bouchées. Une fois emplies de brandade et gratinées au four, recouvrez-les de leur chapeau.

Brandade sur canapé

Faites griller des tranches de pain de mie, au four ou au toaster. Beurrez-les. Étalez une épaisse couche de brandade sur chacune. Saupoudrez de gruyère râpé. Poivrez. Faites gratiner quelques minutes sous le grilloir.

Brandade en tartelette

Faites réchauffer dans le four des tartelettes achetées toutes préparées. Emplissez-les de brandade chaude. Servez-les telles quelles, ou saupoudrez-les de gruyère râpé et mettez à gratiner.

Coin du feu
Brunch-Buffet

CASSOULET

Pour 6, il faut :

Cuisson des haricots :
600 g de haricots blancs,
250 g de lard
de poitrine frais,
250 g de couennes
de porc,
2 carottes,
1 oignon piqué
de 2 clous de girofle,
1 gousse d'ail,
bouquet garni,
sel, poivre.

Cuisson des viandes :
500 g d'épaule
de mouton,
400 g d'échine de porc,
1 saucisson à l'ail,
1 quartier de confit d'oie,
30 g de graisse d'oie
ou de saindoux,
3 oignons, 2 échalotes et
2 gousses d'ail hachés,
2 ou 3 tomates,
1 cuil. à soupe
de tomate concentrée,
sel, poivre.

Coin du feu
Camping-Caravaning

Préparation : 15 mn
Cuisson en autocuiseur : 1 h
+ à four doux : 1 h

1. Cuisson des haricots : dans l'autocuiseur, recouvrez les haricots d'eau froide non salée. Faites-les bouillir 5 mn sous pression. Égouttez.
2. Remettez les haricots dans l'autocuiseur vide, avec le lard et les couennes en morceaux, les carottes coupées en deux, l'oignon piqué de clous de girofle, l'ail et le bouquet garni. Recouvrez largement d'eau. Salez et poivrez. Fermez l'autocuiseur et laissez mijoter 25 mn à partir de la mise en pression (jusqu'à ce que les haricots soient juste cuits). Transvasez dans un autre récipient afin de libérer l'autocuiseur pour la cuisson des viandes.
3. Cuisson des viandes : dans l'autocuiseur, faites dorer épaule et échine avec la matière grasse. Mélangez-y oignons, échalotes et ail, sur feu vif. Ajoutez enfin tomates épépinées, tomate concentrée, sel, poivre et du jus de cuisson des haricots jusqu'aux 2/3 de la viande. Fermez l'autocuiseur. Cuisez, à feu doux, 30 mn à partir de la mise en pression.
4. Au bout de ce temps, ouvrez l'autocuiseur. Plongez-y le saucisson et le confit d'oie pour les réchauffer, une dizaine de minutes, sans couvrir.
5. Égouttez toutes les viandes cuites et coupez-les en tranches.
6. Dans un plat à gratin, étalez une partie des couennes, puis, par couches successives, haricots, viandes, confit, etc. en terminant par lard, couennes et saucisson.

CHILI CON CARNE
(recette mexicaine très épicée)

Pour 4, il faut :
1 bol de haricots rouges secs ou en boîte,
3 cuil. à soupe d'huile,
2 oignons en lamelles,
2 gousses d'ail hachées,
1 poivron vert en lanières,
4 tomates pelées,
500 g de steak haché,
1/2 cuil. à café de poivre de Cayenne,
1 pincée de carvi en poudre,
1 cuil. à soupe de farine,
sel, poivre.

Préparation et cuisson : 1 h 30
Cuisson en autocuiseur : 30 mn + 30 mn
La veille : trempage des haricots secs.

1. La veille : mettez les haricots à tremper dans beaucoup d'eau froide.
2. Le lendemain, mettez les haricots trempés dans une grande casserole d'eau froide. Portez-les doucement à ébullition. Laissez cuire 1 h (30 mn en autocuiseur).
3. Dans une cocotte, faites blondir les oignons avec l'huile. Ajoutez-y l'ail haché. Puis le poivron coupé en fines lanières et les tomates coupées. Laissez dorer. Puis joignez-y la viande hachée. Mélangez. Assaisonnez avec le cayenne et très peu de sel et poivre. Mélangez. Ajoutez enfin les haricots égouttés. Mouillez avec 1/2 l d'eau. Couvrez. Laissez cuire 1 h sur feu doux (25 à 30 mn en autocuiseur). Au bout de ce temps, mélangez le carvi avec la farine. Délayez au fouet avec un peu de jus de cuisson. Incorporez au contenu de la cocotte.
Laissez cuire encore 5 mn.
Servez chaud.

Variante
Si vous trouvez des haricots rouges en boîte — au rayon des produits exotiques — vous les ajouterez, bien égouttés, à la viande hachée. Il suffira alors de laisser mijoter ensemble une quinzaine de minutes et de terminer la recette selon le dernier paragraphe. Soit beaucoup de temps de gagné sur la préparation.

CRÊPES AU CANTAL

Pour 8 à 12 crêpes,
il faut :
150 g de farine,
2 ou 3 œufs,
2 verres de lait
ou d'eau,
1 cuil. à soupe d'huile,
1/2 cuil. à café de sel.

Poêle de 18 cm de Ø.

Pâte à crêpes
(recette de base)

1. Dans une terrine, mettez farine, sel et œufs. Mélangez avec une cuiller en bois jusqu'à ce que vous obteniez une pâte lisse. Incorporez-y peu à peu le liquide froid et 1 cuil. à soupe d'huile. Battez bien. Cette pâte doit être liquide. Si possible, laissez reposer 1 h au frais.
2. Faites cuire les crêpes des 2 côtés, dans une poêle épaisse très chaude, sur feu vif. Entre chaque cuisson, frottez la poêle avec du papier absorbant huilé.

Pour 4, il faut :
pâte pour 8 crêpes,
75 g de cantal,
1 cuil. à soupe
de fines herbes hachées.

Préparation et cuisson : 30 mn

1. Préparez la pâte à crêpes selon la recette de base ci-dessus.
2. Ajoutez dans la pâte à crêpes, le cantal coupé en petits dés, les fines herbes hachées. Faites cuire comme à l'ordinaire dans une poêle très chaude. Servez chaud. Ou emportez-les en pique-nique pour les consommer froides.

Truc
Soyez moderne, utilisez votre batteur électrique pour votre pâte à crêpes. Tous les éléments sont alors mis à la fois dans le bol mixer, sans précaution aucune et ils se mélangent tout aussi parfaitement et beaucoup plus rapidement.
Ou bien, pour certaines préparations à farcir et à réchauffer, achetez de grandes crêpes toutes préparées, vendues en sachet de plastique.

Coin du feu
Bateau
Brunch-Buffet
Camping-
Caravaning
Pique-nique

CRÊPES GRATINÉES
(pain de)

Pour 4, il faut :
8 crêpes.

Garniture :
175 g de jambon cuit (maigre),
20 g de beurre,
150 g de gruyère râpé,
2 cuil. à soupe de crème fraîche.

Préparation et cuisson : 45 mn

1. Préparez les crêpes selon la recette de base p. 207.
2. Beurrez un moule ou un plat à four rond de la taille des crêpes. Superposez les crêpes dedans, en intercalant, entre chacune, du jambon haché et du gruyère râpé. Mettez un peu de crème fraîche toutes les deux ou trois crêpes seulement. Terminez par du gruyère râpé et des noisettes de beurre. Mettez à four doux (th. 4-5) 25 mn. Servez ce pain coupé en portions.
Ce plat peut être consommé chaud, accompagné de sauce tomate, ou froid pour le pique-nique.

Coin du feu
Brunch-Buffet
Pique-nique

CRÊPES AU ROQUEFORT

Pour 4, il faut :
8 crêpes ou 4 grandes crêpes achetées toutes préparées.

Béchamel au roquefort :
1 cuil. à soupe bombée de farine,
30 g de beurre,
75 g de roquefort,
1/4 l de lait,
2 cuil. à soupe de crème fraîche,
50 g de gruyère râpé,
poivre.

Préparation et cuisson : 45 mn

1. Préparez les crêpes selon la recette de base p. 207.
2. Béchamel au roquefort : mélangez, sur feu doux, farine et beurre. Ajoutez-y le lait froid, poivre, pas de sel. Mélangez jusqu'à ébullition. Laissez mijoter 5 mn. Incorporez-y le roquefort écrasé à la fourchette, la crème fraîche.
3. Déposez 1 cuil. à soupe de ce mélange sur chaque crêpe. Roulez et pliez les extrémités. Dans un plat à gratin, disposez-les côte à côte, côté replié dessous. S'il reste un peu de sauce, étalez-la à la surface. Parsemez de gruyère râpé, noisettes de beurre. Faites gratiner 5 mn.

Coin du feu
Brunch-Buffet

CURRY À L'INDIENNE

Pour 6 ou 8, il faut :
1 kg d'épaule de mouton,
1 kg de collier de mouton,
quelques os,
2 cuil. à soupe d'huile,
2 verres d'eau chaude,
3 tomates, 2 oignons,
2 gousses d'ail,
2 cuil. à café de gros sel.

Épices :
4 clous de girofle,
1 cuil. à soupe de curry,
1/4 de cuil. à café de cannelle,
1/3 de cuil. à café de poivre de Cayenne,
1 cuil. à café de poudre de curcuma,
2 cuil. à café de coriandre en poudre.

Garniture :
200 g de riz,
3 pincées de safran,
3 tomates.

Coin du feu
Bateau
Camping-Caravaning

Préparation et cuisson : 1 h 15
Cuisson en autocuiseur : 20 mn

1. Coupez l'épaule en gros cubes et le collier en morceaux. Hachez grossièrement 3 tomates pelées et épépinées, les oignons et l'ail.
2. Faites fortement chauffer l'huile dans une cocotte. Mettez-y à revenir 2 clous de girofle, les os et la viande. Lorsque tout est bien doré, arrosez d'1/2 verre d'eau chaude. Couvrez. Laissez bouillir 5 mn sur feu vif.
3. Ajoutez ensuite : curry, cannelle, poivre de Cayenne, curcuma et coriandre. Mélangez sur feu vif, pendant 5 mn. Ajoutez enfin tomates, oignons, ail, 2 clous de girofle, sel, 2 verres d'eau chaude. Couvrez. Laissez bouillir 5 mn sur feu vif.
4. Cuisson du riz : lavez-le à grande eau tout en le frottant dans les mains. Jetez-le dans une grande casserole d'eau bouillante salée. Laissez bouillir doucement de 15 à 17 mn. Égouttez-le aussitôt cuit. Saupoudrez-le de 3 pincées de safran et mélangez très peu car le safran ne doit pas être incorporé au riz de façon régulière, mais seulement le colorer, par-ci, par-là.
5. Versez le riz dans un plat creux, la viande et la sauce dessus. Servez avec des quartiers de tomates crues et des rondelles de bananes et de pommes crues citronnées pour atténuer le feu du curry.

ESCARGOTS

Pour 4 douzaines d'escargots de votre récolte, il faut :

Préparation :
1 cuil. à soupe de vinaigre,
1 cuil. à soupe de farine,
1 cuil. à soupe de gros sel.

Cuisson :
1/2 bouteille de vin blanc sec,
1 carotte,
1 oignon,
2 échalotes,
2 gousses d'ail,
bouquet garni,
sel, poivre.

Beurre d'escargots :
250 g de beurre mou,
2 ou 3 gousses d'ail,
1 échalote,
persil,
estragon (facultatif),
2 cuil. à soupe de vin blanc,
1 cuil. à café rase de sel,
poivre.

Préparation et cuisson : 3 ou 4 jours (... ou 30 mn)

1. Faites jeûner les escargots 48 h dans un récipient couvert (pot de fleur retourné).
2. Lavez-les et brossez-les soigneusement. Ôtez la pellicule qui ferme la coquille, à l'aide d'un couteau pointu. Laissez dégorger une nuit, avec : 1 cuil. à soupe de gros sel, 1 de farine et 1 de vinaigre. Couvrez.
3. Cuisson : relavez-les. Mettez-les dans une casserole. Couvrez-les largement de liquide, moitié eau, moitié vin, carotte, oignon, échalotes, ail, bouquet garni, sel, poivre. Laissez bouillir doucement 3 h. Laissez refroidir dans le court-bouillon.
4. Extirpez les escargots cuits de leur coquille. Ôtez-en l'extrémité noire. Lavez les coquilles à l'eau chaude. Séchez-les.
5. Beurre d'escargots : hachez persil, ail, échalote finement. Malaxez le beurre en crème avec le hachis d'herbes aromatiques, sel, poivre, 2 cuil. de vin blanc.
6. Dans chaque coquille, déposez une noisette de farce, escargot, puis de la farce en tassant bien. Déposez dans des plats à escargots. Mettez à four moyen (th. 5-6) jusqu'à ce que le beurre commence à mousser.

Truc

Et si le temps ou la saison ne sont pas propices à la « chasse » aux escargots, vous pouvez en préparer à partir d'escargots en boîte. Il suffira de préparer un beurre d'escargots et de faire gratiner.

PLAT PRINCIPAL

FONDUE BOURGUIGNONNE

Pour 4, il faut :
800 g de filet de bœuf,
1/2 l d'huile,
thym, laurier.

Sauces et condiments divers.

Service à fondue :
1 poêlon épais,
1 réchaud,
4 fourchettes à long manche isolant,
4 fourchettes ordinaires.

La raison du succès de la fondue bourguignonne, c'est que 10 mn de préparation suffisent : coupez la viande en dés, ouvrez des tubes, des boîtes et des flacons de sauces épicées. Préparez poêlon d'huile, réchaud, allumettes et apportez le tout à table, ... les invités feront le reste !

1. Coupez la viande crue en cubes dans 4 grandes assiettes (ou des assiettes à fondue). Préparez les sauces dans des coupelles (recettes p. 213).
2. Apportez à table ainsi que les assiettes garnies, le réchaud à alcool et le poêlon empli d'huile aux 2/3. Quand l'huile sera très chaude, chacun y fera frire un morceau de viande piqué sur sa propre fourchette. Puis il l'enrobera de sauce dont il aura déposé un assortiment sur son assiette avant de déguster.

Note
Deux fourchettes par convive sont indispensables pour éviter de se brûler : l'une pour cuire (elle est généralement brûlante), et l'autre pour détacher la viande et la porter à la bouche.
Un seul plat de légume convient à la fondue : une énorme salade verte la plus panachée possible.

Coin du feu
Camping-Caravaning

SAUCES ET CONDIMENTS POUR FONDUE BOURGUIGNONNE

Sans préparation :
Toutes les moutardes fortes et aromatisées ; câpres, petits oignons, cornichons, pickles, chutney ; sauce tomate plus ou moins épicée, harissa.

A préparer :
Les sauces fortes

Pour 4, il faut :
6 œufs durs,
6 petits piments forts séchés,
6 cuil. à soupe d'huile,
3 cuil. à soupe de vinaigre,
1/2 g de safran,
sel, poivre.

Sauce enragée

Coupez les œufs durs en 2. Écrasez les jaunes dans un saladier. Incorporez-y peu à peu les piments finement écrasés, huile, vinaigre, safran, sel, poivre. Faites chauffer légèrement la purée obtenue sans cesser de remuer. (Les blancs d'œufs seront utilisés dans une salade.)

Sauce rouille

(voir recette p. 148)

Les sauces douces :
— crème fraîche, fines herbes, jus de citron, sel et poivre ;
— crème fraîche et estragon ;
— yaourt, hachis d'ail et ciboulette ;
— fromage blanc brassé, fines herbes.

Coin du feu
Camping-Caravaning

FONDUE AU GRUYÈRE

Par personne, il faut :
10 à 15 dés de pain (baguette),
150 g de gruyère (emmenthal),
1 verre de vin blanc sec.

Pour 1 poêlon de 4 à 6 personnes, il faut :
1 gousse d'ail,
1 cuil. à café de maïzena ou de fécule,
1 pincée de bicarbonate,
poivre de Cayenne,
1 verre à liqueur de kirsch,
1 pincée de muscade.

Fourchettes à long manche isolant.

Coin du feu
Bateau
Camping-Caravaning

On réunit pas mal de convives autour d'une fondue. Alors plutôt que de vous donner les proportions pour 4 personnes comme j'en ai l'habitude, j'ai pris le parti de vous les donner pour une seule. À vous de multiplier.

1. Frottez d'ail un poêlon en fonte émaillée ou en terre vernissée. Ajoutez le fromage en morceaux ou en copeaux, la muscade râpée. Versez le vin blanc à hauteur du fromage. Mettez sur feu moyen. Tournez sans cesse avec une cuiller en bois. Si le fromage se met en pelote au fond du poêlon, ne vous inquiétez pas, continuez de mélanger sur le feu.
2. Quand la fondue prend consistance, incorporez le kirsch additionné d'un soupçon de bicarbonate, de maïzena ou de fécule, le sel et le poivre.
3. Donnez à chaque convive une assiette avec les bouchées de pain que chacun piquera sur les dents de sa fourchette et trempera en tournant dans la fondue. Maintenez la fondue au chaud sur un réchaud posé sur la table.

Les petits secrets d'une grande fondue :
Faites la fondue avec 2 sortes de fromages : moitié gruyère et moitié vacherin fribourgeois ou moitié gruyère, moitié emmenthal, ou encore du gruyère de 2 meules différentes.
Un peu de maïzena ou de fécule dans la fondue l'empêche de tourner. Si l'accident arrive tout de même, ajoutez quelques gouttes de vinaigre. Tout rentrera dans l'ordre. Avec un soupçon de bicarbonate elle sera plus facile à digérer.

FONDUE AU GRUYÈRE (suite)

Si la fondue est trop épaisse, ajoutez encore un peu de vin blanc et si elle est trop liquide, un peu de fécule préalablement délayée avec du vin blanc.
Les morceaux de pain seront coupés en gros dés avec de la croûte, sinon mal piqués au bout de la fourchette, ils tomberont dans la fondue.
Et vous connaissez la règle : celui ou celle qui laisse tomber un croûton dans la fondue est à l'amende d'une bonne bouteille.
Attention : trop de vin bu avec la fondue peut compromettre la digestion. Il vaut mieux rester sur sa soif et boire seulement un petit verre de kirsch à mi-fondue... autrement dit, faire le « trou normand suisse ».
Enfin, peu de kirsch, mais du vrai !
Après la fondue, kirsch, thé ou café sont appréciés.

FONDUE AU GRUYÈRE (suite)

Variantes

FONDUE VAUDOISE

La gousse d'ail est légèrement roussie avec un peu de beurre, puis laissée avec le fromage pendant toute la préparation pour la parfumer.
Cette fondue est un peu plus liquide que la fondue de base car on y met davantage de vin blanc ; pas trop tout de même !

FONDUE FRIBOURGEOISE

Le gruyère est ici remplacé par du vacherin, fromage plus souple et plus onctueux que le gruyère ou l'emmenthal.
De plus, c'est une fondue sans alcool ; le vin et le kirsch y sont remplacés par un peu d'eau bouillante. Mélangez à plus douce température car le vacherin ne doit pas cuire mais simplement fondre et rester chaud sur la table pendant les « trempettes » de pain.

FONDUE AU CANTAL

Elle est préparée avec du gruyère et du cantal, moitié pour moitié. Cela mis à part, la recette est identique à celle de la « fondue au gruyère ».

FONDUE CRUDITÉS

Si vous aimez les contrastes, essayez de tremper, à la place de dés de pain, des crudités piquées sur la fourchette, dans le fromage chaud et onctueux. Par exemple : radis, champignons de Paris crus, olives vertes dénoyautées, tronçons de céleri-branche ou lamelles de fonds d'artichauts croque au sel.

Coin du feu
Bateau
Camping-
Caravaning

DESSERT

FONDUE AU CHOCOLAT

Pour 5 ou 6, il faut :
300 g de chocolat noir,
3 cuil. à soupe de Grand Marnier, Bénédictine, rhum ou cognac,
50 g de beurre,
2 cuil. à soupe de crème fraîche.

« Trempettes » variées :
cubes de brioche,
pain de mie,
biscuits cuiller ou génoise,
chouquettes,
tranches de mandarines,
tronçons de bananes, de pommes, de poires,
dés d'ananas (frais ou en boîte),
cerises,
etc.

Longues fourchettes à fondue.

Préparation : 20 mn

1. Mettez dans un poêlon au bain-marie le beurre et le chocolat cassé en petits morceaux. Quand le beurre est fondu et le chocolat ramolli, tournez pour obtenir un mélange crémeux. Continuez en ajoutant la crème fraîche, puis la liqueur choisie.
La fondue est prête pour enrober les « trempettes » solidement piquées au bout des fourchettes à fondue.

Variante

Pour un goûter d'enfants, l'alcool devra bien sûr être supprimé et remplacé, au besoin, par un autre arôme tel que : café très fort, vanille en poudre ou liquide.
Utilisez une nappe en papier et des assiettes en carton.

DESSERT

GÂTEAU AUX MARRONS
(sans cuisson)

Pour 8 ou 10, il faut :
1 boîte 4/4 de purée de marrons au naturel (non sucrée),
250 g de chocolat fondant extra fin,
200 g de sucre glace,
200 g de beurre (assez mou).

Préparation : 15 mn
+ 1 nuit au réfrigérateur

1. Dans une grande casserole, faites fondre le chocolat en morceaux, sur feu très doux (au bain-marie ou au micro-ondes 1 mn). Ajoutez ensuite le sucre glace. Tournez avec une cuiller en bois, toujours sur feu doux, jusqu'à ce que ce soit assez lisse.
2. Hors du feu, incorporez le beurre en morceaux.
3. Écrasez la purée de marrons à la fourchette, puis travaillez-la vigoureusement avec le mélange beurre/chocolat/sucre. Vous devez obtenir une pâte homogène et molle. Garnissez le fond d'un moule à soufflé d'une rondelle de papier d'aluminium. Versez la préparation dedans. Mettez dans le réfrigérateur (pas au freezer) jusqu'au lendemain. Démoulez avant de servir.

Coin du feu
Bateau
Brunch-Buffet
Camping-Caravaning

GRATINÉE AU PORTO

Pour 4, il faut :
1 boîte de soupe à l'oignon,
1/2 verre de vin blanc sec,
1 ou 2 jaunes d'œufs,
4 cuil. à soupe de porto,
75 g de gruyère râpé,
4 fines tranches de pain.

Préparation et cuisson : 10 mn

1. Allumez le grilloir du four.
2. Mettez à chauffer, dans une casserole, le contenu de la boîte de soupe à l'oignon avec la même quantité d'eau et 1/2 verre de vin blanc.
3. Grillez les tranches de pain.
4. Dans une soupière supportant la chaleur vive, délayez porto et jaune d'œuf. Versez dessus la soupe à l'oignon sans cesser de remuer. À la surface, déposez le pain grillé et le gruyère râpé. Faites gratiner quelques minutes sous le grilloir.

Truc
Pour obtenir une gratinée bien dorée, parsemez le gruyère en abondance sur le pain déposé sur la soupe à l'oignon juste avant de la passer au four. Le pain ne s'imbibant que peu à peu, surnage suffisamment pour maintenir en surface la couche qui gratine.

Coin du feu
Brunch-Buffet

HADDOCK AU FOUR À LA VA-VITE

Pour 4, il faut :
800 g de haddock,
30 g de beurre,
2 verres de vin blanc environ,
2 cuil. de ketchup,
1 oignon haché,
poivre (pas de sel).

Préparation et cuisson : 20 mn

1. Rincez abondamment le poisson, puis déposez-le dans un plat à four beurré.
2. Ajoutez dessus : oignon haché, ketchup, noix de beurre, poivre et assez de vin blanc pour couvrir le tout. Faites cuire à four chaud (th. 6-7) pendant 15 mn.

MORUE À LA MOUTARDE

Pour 4, il faut :
1 paquet de 450 g de filets ou 1 kg à 1,500 kg de morue entière (*), 1 oignon, bouquet garni, sel.

Cuisson de base

Cuisson : jusqu'à ébullition
+ dessalage 12 h

1. Faites-la dessaler dans beaucoup d'eau froide, peau dessous, 12 h au moins. Renouvelez l'eau plusieurs fois.
2. Mettez-la à cuire doucement à l'eau froide avec un peu de sel, oignon, bouquet garni. Retirez du feu juste avant l'ébullition. Laissez-la tiédir et même refroidir complètement dans son court-bouillon.

Note
(*) La morue entière se prépare de la même manière mais le dessalage est beaucoup plus long. Comptez 24 h pour un bon résultat.

Pour 4, il faut :
1 paquet de 450 g de filets de morue, 30 g de beurre, 1 ou 2 cuil. à soupe de moutarde forte, 1 cuil. à soupe de persil haché, sel.

Préparation et cuisson : 20 mn
+ dessalage

1. Une fois la morue dessalée et cuite suivant la recette de base, faites-la revenir rapidement à la poêle avec pas mal de beurre.
2. Avant de servir, ajoutez 1 ou 2 cuil. à soupe de moutarde forte, persil haché. Mélangez sur le feu. Apportez à table aussitôt. Présentez avec des pommes de terre à l'eau ou en purée.

PLAT PRINCIPAL

MOUTON À LA MAROCAINE

Pour 4, il faut :
1,500 kg de mouton (collier ou épaule),
75 g de beurre,
1/4 l d'eau,
250 g d'oignons d'Espagne (doux),
1/4 de cuil. à café de chaque épice : gingembre, safran, cumin, piment doux, cannelle, coriandre,
3 gousses d'ail,
2 cuil. à soupe d'huile,
1/2 citron,
persil,
sel, poivre.

Cuisson en cocotte ordinaire : 2 h 30
En autocuiseur : 1 h
+ 3 h au moins à l'avance, ou la veille

1. Quelques heures d'avance ou même la veille, saupoudrez les morceaux de mouton avec les épices, l'ail haché et l'huile. Laissez macérer au frais.
2. Hachez les oignons. Mettez-les dans la cocotte ainsi que les morceaux de mouton marinés, toutes les épices, sel, pas mal de poivre, 75 g de beurre et 1/4 l d'eau. Couvrez et laissez cuire doucement 2 h 30 (en autocuiseur : 1 h environ). Au moment de servir, parsemez de persil haché et arrosez de citron.
Vous pouvez servir ce plat accompagné de couscous ou de riz nature.

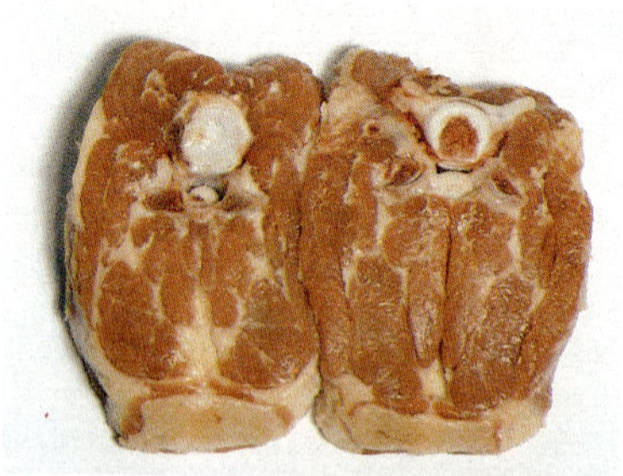

Variante
L'autocuiseur est tout à fait conseillé pour cuire cette préparation. Non seulement il fait gagner plus de la moitié du temps de cuisson mais le résultat est parfait.

Coin du feu
Bateau
Camping-Caravaning

ENTRÉE CHAUDE

ŒUFS COCOTTE BERGÈRE

Par personne, il faut :
1 ou 2 œufs,
30 g de roquefort,
1 petite boîte de champignons de Paris,
1 lamelle de jambon,
10 g de beurre,
1 cuil. à café de crème fraîche,
poivre.

1 ramequin en porcelaine ou verre à feu.

Préparation et cuisson : 15 mn

1. Hachez finement les champignons égouttés ainsi que le jambon. Mettez à chauffer dans le ramequin avec une noisette de beurre.
2. Écrasez le roquefort avec 1 cuil. à café de crème pour l'assouplir. Poivrez (pas de sel). Étalez sur le hachis, au fond du ramequin. Cassez un œuf dessus.
3. Faites cuire, au bain-marie, dans le four très chaud (th. 8-9) de 6 à 8 mn. Vous pouvez cuire l'œuf cocotte au bain-marie, sur le feu, mais dans ce cas, couvrez. Le temps de cuisson sera un peu plus long : une dizaine de minutes en tout.

Coin du feu
Bateau
Brunch-Buffet
Camping-Caravaning

OMELETTE SOUFFLÉE AU FROMAGE

Pour 4, il faut :
6 ou 7 œufs,
30 g de beurre ou d'huile,
100 g de gruyère râpé,
1 bonne cuil. à soupe de crème fraîche,
sel, poivre.

Préparation et cuisson : 20 mn

1. Séparez le blanc des jaunes. Battez les blancs en neige ferme. Mélangez doucement jaunes d'œufs, blancs battus et quelques pincées de gruyère râpé. Versez dans la poêle contenant le beurre ou l'huile moyennement chaud.
2. Secouez pendant la cuisson. Soulevez de temps en temps avec une spatule pour empêcher de coller au fond.
3. Retirez l'omelette du feu. Étalez dessus la crème fraîche et le reste de gruyère râpé.
4. Pour terminer, glissez la poêle à mi-hauteur du four chaud. Laissez la porte ouverte. Retirez dès que l'omelette est gonflée et légèrement dorée.

Truc
L'omelette soufflée qui n'attache pas : une poêle à revêtement antiadhésif, surtout quand vos omelettes sont farcies de gruyère, de tomates, etc.

PAELLA

Pour 6 ou 8, il faut :
500 g de riz
à grains longs,
18 langoustines,
1 l de moules,
1 poulet de 1,500 kg,
150 g de noix de veau,
150 g de porc frais,
200 g de chorizo fort,
2 oignons hachés,
2 poivrons,
1 cuil. à soupe
de tomate concentrée,
4 tomates fraîches,
1 g de safran,
1 paquet
de pois surgelés,
2 gousses d'ail,
2 bouquets garnis,
1 verre d'huile d'olive,
persil et 1 gousse
d'ail hachés,
sel, poivre.

1 poêle à paella.

Coin du feu
Brunch-Buffet
Camping-Caravaning

Préparation et cuisson : 2 h 15

1. Lavez soigneusement les moules. Faites-les ouvrir dans une cocotte, sur feu vif. Égouttez. Détachez une coquille de chaque moule. Passez le jus de cuisson, dans un tamis garni de papier absorbant. Mettez de côté les moules dans leur jus.
2. Couvrez tout juste les langoustines d'eau froide avec sel, poivre et bouquet garni. Portez doucement à ébullition. Retirez du feu aussitôt. Laissez dans le jus.
3. Coupez le poulet en 8, le veau et le porc en petits dés. Faites dorer le tout dans une grande cocotte avec un peu d'huile. Puis ajoutez les oignons hachés, poivrons épépinés et coupés en lanières, sel, poivre, tomate concentrée, tomates pelées, safran et bouquet garni. Mélangez. Couvrez. Laissez cuire 10 mn, sur feu moyen.
4. Dans la même cocotte, mettez ensuite : les pois surgelés, ail, jus de cuisson des moules et des langoustines et 2 l d'eau bouillante. Salez et poivrez selon goût. Couvrez. Laissez bouillir doucement de 45 mn à 1 h.
5. Pendant ce temps, dans une grande poêle à paella, faites revenir le riz avec 1/2 verre d'huile. Mélangez. Arrosez avec quelques louches de bouillon de cuisson bouillant (de la cocotte). Ajoutez-en au fur et à mesure qu'il est absorbé. Disposez alors sur le riz viandes et légumes. Laissez cuire ensemble 15 mn environ.
5 mn avant la fin, garnissez avec les moules, langoustines, chorizo en rondelles et hachis d'ail et de persil. Retirez du feu, couvrez et attendez encore 5 mn avant d'apporter à table.

PLAT PRINCIPAL

PIGEONS MARTINIQUAISE

Pour 4, il faut :
2 gros pigeons,
20 g de beurre,
6 fines rondelles d'ananas (frais, de préférence),
une vingtaine d'olives vertes dénoyautées (100 g),
4 fines tranches de lard de poitrine,
1 petit verre de cognac,
sel, poivre.

Préparation et cuisson : 1 h
Cuisson en autocuiseur : 15 mn

1. Avec un grand couteau, tranchez les pigeons en 2, de haut en bas. Entourez chaque moitié d'une tranche de lard. Ficelez. Faites dorer à la cocotte avec une noix de beurre. Salez, poivrez. Arrosez de cognac. Quand il bout, faites flamber.
2. Dessalez les olives en les plongeant dans une casserole d'eau froide. Faites bouillir 1 ou 2 mn. Égouttez aussitôt. Ajoutez dans la cocotte. Couvrez et laissez mijoter ensemble 1/2 h (en autocuiseur : 10 à 15 mn).
3. 10 mn avant la fin de la cuisson, ajoutez les rondelles d'ananas autour des pigeons. Laissez mijoter.
4. Présentez les pigeons entourés d'olives et d'ananas.
Comme accompagnement : du riz nature, des pâtes ou du couscous peuvent convenir.

Variante
À défaut de pigeons, 2 coquelets peuvent être accommodés de la même manière. Le temps de cuisson sera légèrement plus court.

POIRES BELLE-HÉLÈNE

Pour 6, il faut :
1 boîte
de poires au sirop,
1 pavé de glace
à la vanille.

Sauce chocolat :
200 g de chocolat fin,
40 g de beurre.

Préparation et cuisson : 10 mn

1. Mettez les poires à égoutter.
2. Sauce chocolat : faites fondre, sur feu très doux (au bain-marie ou 1 mn au micro-ondes) le beurre et le chocolat en morceaux.
Ajoutez-y 2 ou 3 cuil. à soupe de sirop de poires en mélangeant vigoureusement pour obtenir une crème lisse.
3. Disposez les poires autour de la glace, sur le plat de service. Versez le chocolat chaud sur les poires et servez aussitôt.

Variante

La présentation des poires Belle-Hélène en coupes individuelles, qui simplifie le service, est donc très indiquée pour un repas de plein air ! 1 ou 2 violettes au sucre sur chacune les décoreront agréablement.

Coin du feu
Bateau
Brunch-Buffet
Camping-Caravaning

POT-AU-FEU DES VIGNERONS

Pour 4 à 6, il faut :
1,500 kg à 2 kg de bœuf (macreuse, plat de côte ou griffe),
4 blancs de poireaux,
4 carottes,
3 navets,
1 oignon piqué de 3 clous de girofle,
1 gousse d'ail,
bouquet garni avec brin de céleri,
1 cœur de chou blanc,
2 verres de vin blanc,
1 os à moelle,
4 à 6 pommes de terre,
1 cuil. à soupe de tomate concentrée,
sel.

Tranches de pain grillées ou biscottes (facultatif),
gros sel,
cornichons,
moutarde forte.

Préparation : 30 mn
Cuisson en autocuiseur : 1 h 10

1. Épluchez les légumes. Mettez-les (sauf chou et pommes de terre) dans l'autocuiseur, avec : oignon piqué de girofle, ail, bouquet garni, sel et viande. Versez de l'eau froide à mi-hauteur.
2. À part, faites bouillir 5 mn le chou coupé en 4. Égouttez-le et rincez-le. Puis ajoutez-le dans l'autocuiseur ainsi que le vin.
3. Fermez l'autocuiseur et laissez cuire à petit feu 1 h 10 à partir de la mise en pression.
4. Un peu avant la fin de la cuisson, ouvrez l'autocuiseur pour y joindre l'os à moelle, les pommes de terre et la tomate concentrée. Refermez et remettez en pression 10 mn.
5. Présentez d'abord le bouillon avec du pain grillé. Ensuite, servez sur un grand plat chaud la viande, la moelle retirée de l'os et les légumes avec gros sel, cornichons et moutarde.

Trucs

Pour que la moelle ne s'échappe pas, frottez les 2 extrémités de l'os avec du citron avant de le plonger dans le bouillon juste frémissant et seulement en fin de cuisson.

Pour un très bon pot-au-feu, réunissez 2 ou 3 morceaux de bœuf différents, de manière à mélanger des viandes grasses, maigres et moelleuses.

Coin du feu
Camping-Caravaning

POTÉE LORRAINE

Pour 6 à 8, il faut :
500 g d'épaule fumée,
200 g de lard maigre,
1 saucisson à cuire,
4 carottes,
2 navets,
1 chou,
4 poireaux,
200 g de haricots secs,
125 g de mange-tout (facultatif),
2 gousses d'ail,
2 oignons, dont 1 piqué de 3 clous de girofle,
1 kg de pommes de terre,
3 clous de girofle,
bouquet garni avec céleri,
sel, poivre.

Cuisson : 2 h 30 environ
Cuisson en autocuiseur : 1 h 15

1. Dans une marmite (ou l'autocuiseur) mettez : carottes, navets, poireaux, 1 oignon en rondelles, 1 oignon piqué de 3 clous de girofle, ail, bouquet garni et l'épaule fumée. Couvrez d'eau. Laissez mijoter 1 h (30 mn en autocuiseur).
2. À part, faites bouillir ensemble les haricots secs et le chou coupé en 4, pendant 10 ou 15 mn, dans de l'eau non salée. Égouttez.
3. Ajoutez dans la marmite : lard, chou, haricots secs et mange-tout. Laissez cuire doucement 1 h supplémentaire (30 mn en autocuiseur).
4. Joignez-y enfin, saucisson et pommes de terre. Salez et poivrez au besoin. Prolongez la cuisson de 30 mn (15 mn en autocuiseur).

Note
Le porc, s'il est très salé, sera préalablement mis à dessaler plusieurs heures à l'eau froide. Au besoin, renouvelez l'eau pour accélérer le dessalage.

POULE AU POT

Pour 4 à 6, il faut :
1 poule avec abattis,
2 os de veau,
1 oignon,
2 clous de girofle,
4 carottes,
4 navets,
1 branche de céleri,
6 poireaux,
bouquet garni,
sel, poivre.

Biscottes ou pain grillé,
gros sel, cornichons.

Préparation et cuisson : 3 h
Cuisson en autocuiseur : 45 mn à 1 h

1. Dans une grande marmite d'eau froide, mettez les os, les abattis de la poule, l'oignon piqué de clous de girofle, le céleri, le bouquet garni, le sel et le poivre. Portez à ébullition.
2. Plongez-y la poule. Laissez cuire très doucement, selon l'âge de la poule, de 1 h 30 à 2 h (de 45 mn à 1 h en autocuiseur). Ajoutez carottes, navets et poireaux à mi-cuisson.
3. Servez d'abord le bouillon accompagné de pain grillé. Puis la poule découpée, sur un grand plat creux, avec les légumes de cuisson, gros sel et cornichons.

Note
Si vous servez du riz nature en guise de légume, préparez pour l'accompagner une sauce blanche avec du bouillon de poule dégraissé.

Coin du feu
Camping-Caravaning

POULET FRIT PANÉ

Pour 4, il faut :
1 petit poulet coupé en 4,
2 ou 3 cuil. à soupe de farine,
1 œuf,
125 g de chapelure (ou de biscotte écrasée),
1 citron,
sel, poivre.

Bain de friture,
3 assiettes.

Préparation et cuisson : 40 mn

1. Ôtez la peau du poulet cru ainsi que les os les plus gros, faciles à détacher. Salez et poivrez.
2. Prenez 3 assiettes. Dans l'une, mettez la farine. Dans l'autre, l'œuf battu et dans la dernière, la chapelure. Roulez-y les morceaux de poulet successivement et dans l'ordre « farine-œuf-chapelure ». Tapotez pour faire adhérer.
3. Plongez les morceaux ainsi « panés » dans la friture moyennement chaude (170 °C). Laissez frire 10 mn environ. Le poulet est à point quand il présente une légère croûte uniformément dorée.
4. Égouttez les morceaux sur du papier absorbant. Présentez-les, très chauds, avec un morceau de citron.

Variante

POULET FRIT À L'AMÉRICAINE
Il est simplement roulé dans la farine. Mais auparavant les morceaux sont mis à mariner 1/4 h dans du lait salé et poivré. La cuisson est la même que pour le poulet frit pané.

Coin du feu
Brunch-Buffet

RACLETTE

Par personne :
125 g de fromage spécial pour raclette,
poivre.

Pour accompagner :
pommes de terre en robe des champs (bouillantes),
cornichons,
oignons au vinaigre,
pickles,
salade verte.

Ustensile :
1 petit four à raclette,
1 assiette chaude par convive.

Préparation et cuisson : 30 mn

1. Disposez le fromage en un seul morceau, sous la rampe du grilloir très chaude. Quand le fromage commence à fondre, raclez-en la surface avec un couteau pour faire tomber, au fur et à mesure, le fromage fondu et très chaud, sur les assiettes chaudes prêtes à le recevoir. Poivrez au moulin.
2. Présentez en même temps que la raclette des pommes de terre en robe des champs toutes chaudes que chacun pèlera à table. Des condiments divers, cornichons, oignons au vinaigre et pickles, les accompagneront ainsi que quelques feuilles de salade non assaisonnées.

Variante
À défaut de four à raclette, on peut préparer une raclette ménagère dans un four très chaud ou une rôtissoire. Dans ce cas, le fromage, coupé en lamelles épaisses d'1 cm sera posé sur des assiettes supportant la chaleur, glissées très près de la rampe du grilloir.

ENTRÉE CHAUDE

RAMEQUINS AVEYRONNAIS

Pour 4, il faut :
2 tranches de pain de mie,
40 g de beurre,
4 œufs,
200 g de roquefort,
4 cuil. à soupe de crème fraîche,
poivre.

4 ramequins assez grands.

Préparation et cuisson : 25 mn

1. Séparez le blanc des jaunes d'œufs. Écrasez le roquefort à la moulinette ou au tamis. Mélangez-le avec les jaunes d'œufs, la crème fraîche et du poivre (pas de sel).
2. Ôtez la croûte du pain de mie. Coupez les tranches en 2. Faites-les légèrement dorer des 2 côtés, à la poêle, avec du beurre. Mettez-en une au fond de chaque ramequin préalablement beurré.
3. Battez les blancs d'œufs en neige. Incorporez-les au mélange roquefort-jaunes d'œufs-crème. Versez dans les ramequins. Faites cuire à four moyen (th. 5-6) pendant 15 mn.
Servez-les quand ils sont dorés et gonflés.

Coin du feu
Brunch-Buffet

RAMEQUINS SAVOYARDS

Pour 4, il faut :
4 tranches de pain de mie,
20 g de beurre,
4 lamelles de gruyère,
2 œufs,
1/2 l de lait,
1 pincée de muscade râpée,
sel, poivre.

Préparation et cuisson : 30 mn

1. Beurrez généreusement un plat allant au feu. Disposez dedans les tranches de pain et les lamelles de gruyère en les intercalant.
2. Battez ensemble œufs, lait, sel, poivre et 1 pincée de muscade râpée. Versez le tout sur le pain. Faites cuire à four chaud (th. 6-7) pendant 25 mn environ. Servez chaud.

Coin du feu
Brunch-Buffet

SALADE DE LENTILLES

Pour 4 à 6, il faut :
400 g de lentilles,
1 oignon,
2 clous de girofle,
1 gousse d'ail,
1 petite carotte,
bouquet garni
avec brin de céleri,
1 petit piment (facultatif),
sel, poivre.

Vinaigrette :
4 ou 5 cuil. à soupe d'huile,
1 cuil. à soupe de vinaigre,
1 cuil. à café de moutarde forte,
sel, poivre.

2 cuil. à soupe de persil et 1 échalote hachés.

Coin du feu
Bateau
Camping-Caravaning
Pique-nique

Préparation et cuisson : 45 mn

1. Lavez les lentilles. Mettez-les dans une grande casserole avec beaucoup d'eau froide. Faites bouillir 5 mn. Égouttez. Remettez dans la casserole avec suffisamment d'eau bouillante pour bien recouvrir les lentilles, l'oignon piqué de clous de girofle, gousse d'ail, carotte coupée en 4, bouquet garni, poivre et piment (facultatif). Laissez bouillir doucement de 20 à 30 mn selon la qualité des lentilles. Ne les salez qu'en fin de cuisson pour ne pas les durcir. Égouttez-les dès qu'elles sont suffisamment tendres. Ôtez les aromates de cuisson.
2. Dans un saladier, délayez tous les éléments de la vinaigrette. Mélangez-y les lentilles encore chaudes. Parsemez abondamment de persil et d'échalote hachés. Servez tiède ou froid.

Variante
La salade de lentilles convient tout à fait à la cuisine d'été. Ajoutez-y alors au moment de servir des légumes frais de saison : lanières de poivrons, tomates, rondelles de radis, céleri-branche, concombre et fines herbes, pour l'alléger.

SOUPE CHINOISE

Pour 8 ou 10, il faut :
1 poule, 2 carottes,
2 navets, 2 poireaux,
1 oignon piqué
d'1 clou de girofle,
1 branche de céleri,
16 langoustines cuites,
1 boîte de crabe,
300 g de crevettes
décortiquées,
15 g de champignons
noirs séchés,
30 g de champignons
parfumés,
30 g de vermicelle
chinois,
2 œufs,
2 cuil. à soupe d'huile,
2 tomates,
1 petite laitue,
60 g de germes de soja,
ciboulette hachée,
glutamate,
quatre-épices,
sel, poivre.

Sauce soja,
nuoc-mam,
piments à l'huile.

Préparation et cuisson : 3 h
Cuisson en autocuiseur : 35 mn

1. Faites tremper les champignons dans l'eau tiède, 1 h. Égouttez-les. Coupez-les en morceaux et faites-les bouillir doucement de 30 à 40 mn. Mettez la poule à cuire dans une grande marmite d'eau bouillante, avec oignon piqué de clou de girofle, carottes, navets, poireaux, céleri, sel, environ 1 h 30, à petite ébullition (en autocuiseur : 35 mn).
2. Égouttez la poule. Passez le bouillon. Mettez-en 2,5 l de côté. Remettez le reste à bouillir et faites cuire le vermicelle dedans, 10 mn. Égouttez. Vous vous en servirez tout à l'heure.
Détachez les cuisses de la poule (vous les utiliserez pour un autre repas). Coupez le reste et toute la chair collant à la carcasse en très petits morceaux.
3. Battez les œufs en omelette avec sel, poivre, 1 cuil. à soupe d'eau et la ciboulette hachée. Faites cuire avec un peu d'huile très chaude, en 2 omelettes aussi fines que des crêpes. Roulez-les serrées sur elles-mêmes. Découpez-les en fines lanières. Pelez et coupez les tomates en petits morceaux. Tranchez les feuilles de laitue en lanières.
4. Remettez à chauffer les 2,5 l de bouillon avec : dés de viande, champignons, germes de soja, tronçons de langoustines, crabe et crevettes, vermicelle cuit, 1/2 cuil. à café de glutamate, autant de quatre-épices, sel, poivre. Laissez bouillir 5 mn.

SOUPE CHINOISE (suite)

5. Répartissez la soupe dans les bols.
Disposez dessus : morceaux de tomates, de laitue et d'omelettes.
À part, présentez : sauce soja, nuoc-mam, piments à l'huile et bols de riz nature.

Note

La soupe chinoise peut être un repas à elle toute seule. Presque toutes les étapes de cette recette peuvent être faites d'avance. Que cela vous rassure et vous encourage à vous lancer dans cette facile mais longue préparation.

POTAGE

SOUPE DE MOULES ITALIENNE

Pour 4, il faut :
2 l de moules,
1/2 boîte
de sauce tomate,
2 gousses d'ail,
1 verre de vin blanc sec,
1/2 cuil. à café
d'origan,
3 cuil. à soupe d'huile,
persil,
sel, poivre.

4 tranches de pain,
1 gousse d'ail.

Préparation et cuisson : 45 mn

1. Faites griller de fines tranches de pain de mie ou de baguette. Frottez-les, encore chaudes, avec une gousse d'ail.
2. Grattez et lavez les moules. Mettez-les dans une grande cocotte avec les 2 gousses d'ail et le persil hachés, la sauce tomate, l'origan (marjolaine séchée), 1 verre de vin blanc, autant d'eau, l'huile, le sel et le poivre. Couvrez et laissez ouvrir sur feu vif quelques minutes. Mélangez de temps en temps.
3. Transvasez les moules dans un légumier ou une soupière. Tenez-les au chaud. Passez le jus de cuisson à travers une passoire fine garnie de papier absorbant pour éliminer le sable. Faites bouillir très fort quelques instants avant de verser sur les moules. Présentez-les accompagnées avec les croûtons aillés.

Coin du feu
Bateau
Camping-
Caravaning

TENTATION DE JOHNSSON

Pour 4, il faut :
5 ou 6 belles pommes de terre,
50 g de beurre,
10 anchois au sel,
2 ou 3 oignons,
environ 1 tasse 1/2 de lait,
2 cuil. de chapelure,
sel, poivre.

Préparation et cuisson : 1 h 15

1. Lavez les anchois et laissez-les tremper dans l'eau pour les dessaler.
2. Coupez les oignons très finement. Faites-les revenir légèrement, sans colorer, avec un peu de beurre. Épluchez et râpez les pommes de terre crues avec une râpe à gros trous. Séchez-les dans un linge.
3. Beurrez copieusement un plat à four. Étalez la moitié des pommes de terre râpées dedans, puis les anchois dont vous avez détaché l'arête (avec les doigts), les oignons revenus et le reste des pommes de terre. Salez légèrement, poivrez entre chaque couche. Parsemez de chapelure et de noix de beurre. Arrosez de lait bouillant. Mettez à four chaud (th. 6-7) de 45 mn à 1 h (le lait doit être absorbé en fin de cuisson).

Coin du feu

TOURTE AU FROMAGE (flon)

Pour 4, il faut :

Pâte brisée :
(voir recette de base p. 154).

Garniture :
250 g de gruyère râpé,
2 gros œufs,
sel, poivre.

Préparation et cuisson : 1 h

1. Étendez la pâte au rouleau en lui donnant une forme ronde. Piquez-la.
2. Mélangez gruyère, œufs entiers, sel, poivre, de façon à former une grosse boule ferme. Déposez-la au milieu de la pâte. Repliez la pâte dessus, en 3. Humectez d'eau les parties de la pâte qui seront en contact, pour mieux les souder. Le fromage se trouve ainsi enfermé dans une sorte de bourse à 3 cornes. Faites cuire à four chaud (th. 6-7) pendant 15 mn, puis 15 mn supplémentaires à four plus chaud (th. 7-8).

Coin du feu
Brunch-Buffet
Pique-nique

PLAT PRINCIPAL

TRUITES FUMÉES À LA CRÈME FRAÎCHE

Pour 4, il faut :
4 truites fumées,
1 citron,
2 ou 3 cuil. à soupe de crème fraîche,
sel, poivre.

Préparation et cuisson : 15 mn

1. Ôtez la peau des truites avec un couteau pointu (très facile). Déposez-les dans un plat allant au four. Couvrez tout juste d'eau. Ne salez pas. Portez lentement à ébullition sur feu doux. Retirez aussitôt. Laissez tiédir 3 ou 4 mn dans le court-bouillon.
2. Pendant ce temps, faites bouillir la crème fraîche pour qu'elle réduise un peu, salez, poivrez. Hors du feu, ajoutez le jus d'un citron. Servez cette sauce tiède, en même temps que les truites chaudes, parfaitement égouttées et des pommes de terre à l'anglaise persillées.

WATERZOÏ DE POISSONS DE RIVIÈRE

Pour 4, il faut:
1,500 kg de poissons d'eau douce (brochet, anguille, carpe, etc.),
1 branche de céleri,
2 ou 3 oignons,
1 ou 2 blancs de poireaux,
1 ou 2 carottes,
30 g de beurre,
1 verre de vin blanc sec,
persil,
bouquet garni,
sel, poivre.

1 ou 2 jaunes d'œufs,
100 g de crème fraîche.

Pour accompagner :
pommes de terre vapeur ou en robe des champs.

Préparation et cuisson : 1 h

1. Lavez les légumes et coupez-les en petits dés. Épongez-les et mettez-les à cuire doucement avec le beurre dans une grande casserole couverte, 20 mn.
2. Pendant ce temps, nettoyez et étêtez les poissons. Coupez-les en tronçons.
3. Réduisez les légumes cuits en purée. Remettez-les dans la casserole avec les morceaux de poissons, 1 verre de vin blanc, 1/2 verre d'eau, persil, bouquet garni, sel et poivre. Portez rapidement à ébullition, puis laissez cuire à très petits bouillons de 8 à 10 mn, à couvert.
4. Sauce : dans une terrine, mélangez au fouet jaunes d'œufs et crème. Incorporez-y vivement 1 bol de bouillon de cuisson bouillant pour obtenir une sauce veloutée.
5. Égouttez bien les morceaux de poissons avant de les disposer dans les assiettes creuses ou une soupière (chaudes). Versez la sauce dessus et servez sans attendre avec, à part, des pommes de terre cuites à la vapeur ou en robe des champs.

Truc
Pour réchauffer et velouter la sauce, remettez-la sur feu doux quelques secondes ou au bain-marie en fouettant sans arrêt. Mais ne la laissez surtout pas bouillir car elle tournerait.

Coin du feu
Camping-Caravaning

WELSH RAREBIT

Pour 4, il faut :
4 tranches
de pain de mie,
80 g de beurre,
200 g de chester
(hollande ou gruyère),
1/2 verre de bière,
1 cuil. à café
de moutarde forte,
poivre de Cayenne.

Préparation et cuisson : 15 mn

1. Faites chauffer le beurre dans une grande poêle. Mettez les tranches de pain à dorer dedans, des deux côtés. Tenez-les au chaud.
2. Dans un poêlon épais, mettez le fromage coupé en petits morceaux, la moutarde et la bière. Faites chauffer, sur feu doux, en mélangeant sans arrêt avec une cuiller en bois jusqu'à ce que vous obteniez une crème lisse. Ne laissez surtout pas bouillir car cette préparation deviendrait caoutchouteuse.
3. Sans attendre, tartinez-la sur le pain doré. Saupoudrez d'un soupçon de cayenne (ou de poivre ordinaire en plus grande quantité). Si possible, passez sous le grilloir quelques instants. Servez chaud avec une salade.

Coin du feu
Bateau
Brunch-Buffet
Camping-
Caravaning

LE PIQUE-NIQUE

Dès les premiers beaux jours, on commence à rêver de parties de campagne, de pique-niques. On en parle, on les entreprend avec plus ou moins de succès, il est vrai.

Tant de facteurs interviennent dans la réussite d'un pique-nique ! Le temps d'abord, qui ne tient pas toujours ses promesses. Les lieux champêtres qui ne sont pas aussi poétiques, ni aussi sauvages qu'on l'avait souhaité. La nature même est souvent moins engageante qu'on le dit : mouches, taons, guêpes, moustiques et fourmis sont parfois de la fête !

Autant de raisons pour mettre toutes les chances de son côté quand on projette un repas sur l'herbe, en usant, au préalable,de sens pratique et de réflexion. En choisissant le menu (dont nous donnons quelques exemples p. 248 et 249) il faut penser qu'il sera transporté et consommé dans des conditions particulières avec bien des aléas possibles !

Mais si nous avons tout organisé, tout prévu, surtout les « imprévus », pluie, foule, petits malaises et humeurs diverses, tout se passera pour le mieux. Nous aurons réussi le meilleur pique-nique de la saison.

Les quelques conseils qui suivent pourront certainement y contribuer.

1. Le matériel

Équipement

Il sera toujours simple et rudimentaire puisqu'un peu d'inconfort fait partie du plaisir de pique-niquer. Toutefois, il faut faire le nécessaire pour que les éléments du repas soient transportés dans les meilleures conditions.

Équipez-vous de :

- boîtes en plastique hermétiques de formes et de tailles variées ;
- sachets en plastique ;
- récipients isothermes (Thermos) pour garder boissons chaudes et glacées ;
- assiettes, gobelets, nappes, serviettes à jeter après usage ;
- plateaux alvéolés, modèle « repas en avion », pour y servir, en une fois, le repas de l'entrée au dessert ;
- 1 ou 2 grands sacs isothermes (ou boîtes en polystyrène expansé) pour transporter toutes les denrées fragiles ;
- 1 ou 2 « pochons » en plastique emplis d'un certain liquide. Mis à glacer au freezer quelques heures, il conserve ensuite le froid très longtemps dans les boîtes isothermes. On trouve ces « pochons » au rayon camping des grands magasins.

Glaçons

Ce n'est pas parce que vous pique-niquez qu'il faut vous priver de glaçons pour rafraîchir les boissons !
Ils sont faciles à transporter et à conserver en l'état, dans les emboîtages isothermes de crème glacée.
Quand c'est possible, l'idéal est de mettre les glaçons à « prendre » dans le congélateur (– 18 °C au moins). Ils dureront plus longtemps.

2. Préparation et organisation

Choisissez

Des denrées faciles à transporter :

- aliments avec emballages naturels :
  — œufs durs (dans leur coquille) ;
  — melon, agrumes, avocats ;
  — tomates fermes ;
  — bananes.
- viandes blanches et charcuterie :
  — poulet rôti ;
  — rôti de porc, veau ;
  — jambon, saucisson, pâté.
- crudités croque au sel :
  — tomates fermes, branches de céleri, fenouil.
- salades vertes non assaisonnées :
  — vinaigrette et citron, à part.
- salades assaisonnées :
  — pâtes, riz ;
  — pommes de terre ;
  — salades composées.
- mets en croûte :
  — pizza, quiche, pissaladière, tourte, friands.
- sandwiches :
  — pan bagnat ;
  — pain garni de : tomates, viandes, œufs, jambon, condiments, etc., et d'une feuille de salade, toujours.
- fromages :
  — à pâte ferme : cantal, edam ;
  — ou fondue : mimolette, emmenthal, gruyère, comté, crème de gruyère ;
  — petits fromages : saint-marcellin, banon.
- desserts secs ou faciles à transporter :
  — tartes et tourtes ;
  — diplomate (dans son moule) ;
  — tôt-fait, quatre-quarts ;
  — fruits fermes : bananes, pommes, oranges ;
  — ou secs : pruneaux, dattes, figues.

Évitez

— **Ce qui coule** : gelée, mayonnaise, crèmes, tomates coupées, salade verte assaisonnée.
— **Ce qui tourne :** mayonnaise, gelée,

crabe, crevettes, poisson, abats cuisinés, en salade.
— **Ce qui fond :** beurre en paquet.
— **Ce qui s'écrase :** fruits mûrs et fragiles (pêches, poires, raisins, fraises, etc.), tomates trop mûres.
— **Ce qui sent fort :** fromages fermentés (camembert, pont-l'évêque, maroilles, munster, etc.).
— **Ce qui colle aux doigts** (et attire les guêpes) : confiture, miel, sirop.

Menus-suggestions

Allez au plus simple et au moins encombrant si vous devez transporter le repas à bout de bras, en sac à dos ou sur une bicyclette. Ne vous encombrez pas inutilement de pain et de boisson car il existe presque toujours des commerçants à proximité du lieu de votre pique-nique. Renseignez-vous.

Pour pique-nique « sauvage »

(denrées peu encombrantes, faciles à transporter et à manger avec les doigts...)

Menu I
Tomates croque au sel
Sandwiches :
jambon-gruyère-moutarde-laitue,
veau froid-cornichons-mayonnaise (tube)-laitue
Bananes, oranges

Pan bagnat
Poulet froid-mayonnaise (tube)
Crème de gruyère
Melon-sucre

Menu III
Pamplemousse
Sandwiches :
francfort-moutarde-beurre-laitue,
œuf dur-mayonnaise-chester ou

Desserts tout prêts
hermétiquement emballés
(type yaourts)
Gâteaux secs

Pour pique-nique « motorisé »

Permettez-vous quelques raffinements puisque vous disposez de place pour transporter les denrées dans des boîtes et emballages appropriés, solides, isothermes, etc.
Tout sera préparé d'avance, sauf les salades, assaisonnées à la dernière minute seulement.

Menu I
Perles de melon au porto
Tarte au roquefort
Salade de poulet
Fromages
Diplomate
Fruits

Menu II
Pizza aux champignons
et fines herbes
Fromage blanc aux radis roses
Rôti de porc froid
Salade de pâtes andalouse
Fruits

Menu III
Potage glacé au concombre
Pain de saumon
Salade composée (laitue, œufs,
bâtonnets de jambon et gruyère)
Tutti frutti et fruits

Vide-ordures

Le sac en plastique ou en papier ordinaire en fera office. L'important est de ne rien abandonner derrière soi — papiers, pots de yaourt, bouteilles — qui puisse signaler de façon déplaisante votre passage.
Laissez cet endroit aussi propre et poétique que vous l'avez découvert. Les pique-niqueurs suivants vous en seront reconnaissants et surtout la nature restera intacte !

ENCHAUD PÉRIGOURDIN

Pour 4 à 6, il faut :
1,500 kg de filet de porc désossé et non ficelé,
thym effeuillé,
6 ou 7 gousses d'ail,
250 g de lard gras coupé en lamelles,
1/2 feuille de laurier,
sel, poivre.

Ficelle fine ou gros fil blanc.

(Plat froid à préparer la veille ou l'avant-veille.)

Préparation : 10 mn
Cuisson en autocuiseur : de 1 h 15 à 1 h 30

1. La veille ou l'avant-veille, étalez le filet (déficelez-le au besoin). Éparpillez dessus quelques pincées de thym et gousses d'ail écrasées. Salez et poivrez. Roulez le filet sur lui-même pour bien enfermer les aromates et ficelez assez serré. Couvrez et laissez macérer au frais.
2. Cuisson : dans l'autocuiseur, sur feu doux, faites revenir légèrement le filet sans autre matière grasse que le lard gras en lamelles. Ajoutez sel, poivre, laurier. Fermez l'autocuiseur et laissez mijoter très doucement de 1 h 15 à 1 h 30 à partir du chuchotement de la soupape (ne laissez pas attacher au fond).
3. Mettez la viande très cuite dans un récipient la contenant juste (saladier, terrine). Arrosez avec tout le jus de cuisson. Laissez refroidir complètement jusqu'au lendemain.
4. Présentez l'enchaud découpé en tranches, avec crudités, salade et cornichons.

Note
L'enchaud périgourdin, s'il n'a pas été entamé, peut se conserver au réfrigérateur pendant 2 ou 3 jours. Mais si vous souhaitez en consommer une partie tout de suite et conserver le reste, il est préférable de couper l'enchaud aussitôt cuit en 2 morceaux et de les mettre, recouverts de jus de cuisson, dans 2 récipients séparés.

Pique-nique
Brunch-Buffet
Camping-Caravaning

FROMAGE BLANC AUX RADIS ROSES

Pour 4, il faut :
250 g de fromage blanc,
1 cuil. à soupe
de crème fraîche,
1 cuil. à soupe
de fines herbes hachées
(ciboulette, cerfeuil,
estragon, persil),
1 douzaine de radis
en très fines rondelles,
sel, poivre.

Préparation : 10 mn

1. Fouettez ensemble du simple fromage blanc avec des épices et des herbes aromatiques selon une des deux formules.
2. Disposez en ravier. Servez bien froid avec de fines tartines de pain bis qui mettront en valeur la saveur de ces appétissants hors-d'œuvre.

FROMAGE ROSE AUX OIGNONS BLANCS

Pour 4, il faut :
250 g de fromage blanc,
1 cuil. à soupe
de crème fraîche,
1 ou 2 oignons blancs
très finement hachés,
1 cuil. à café
de graines de cumin,
paprika (de 1/2 à
1 cuil. à café selon goût),
sel, poivre.

Préparation : 10 mn

(La même que ci-dessus)

Pique-nique
Bateau
Brunch-Buffet
Camping-
Caravaning

OMELETTES EN PAIN AUX 7 FARCES

Pour 6 ou 8, il faut :
7 omelettes de 2 œufs.

7 compositions pour farcir les omelettes de façon différente :

Farce 1
3 oignons hachés, mijotés 5 mn avec une noix de beurre et quelques gouttes d'eau.

Farce 2
250 g d'oseille juste « fondue » sur feu doux, puis égouttée.

Farce 3
Piperade ou ratatouille.

Farce 4
Piment doux à l'huile, finement coupé.

Farce 5
2 cuil. à soupe de fines herbes.

Farce 6
20 olives vertes hachées, mélangées avec 1 cuil. de câpres.

Farce 7
Tombées de saumon fumé ou de jambon en petits morceaux.

Préparation et cuisson : 1 h

Préparez 7 petites omelettes de 2 œufs, de la façon suivante : battez 2 œufs avec sel, poivre et une des 7 farces. Faites cuire à feu vif dans une petite poêle. Ne la repliez pas une fois cuite. Procédez de la même façon pour les omelettes suivantes en incorporant, chaque fois, une farce différente. Empilez-les, très exactement, les unes sur les autres. Enveloppez-les, bien serrées, dans une feuille de papier d'aluminium. Laissez refroidir. Pour servir, vous les découperez, en portions, comme un gros gâteau.

Variante
Ne préparez que 2 ou 3 farces, au lieu de 7, mais en plus grande quantité. Ou cuisez les omelettes nature. Vous tartinerez les farces entre les omelettes au lieu de les incorporer aux œufs. Petit inconvénient : le découpage sera plus délicat.

Pique-nique
Brunch-Buffet

PAN BAGNAT

Pour 4, il faut :
4 petits pains,
3 tomates,
1 poivron vert,
1 poivron rouge,
1 oignon moyen,
125 g d'olives noires,
1 boîte de filets d'anchois,
1 gousse d'ail.

Vinaigrette :
8 cuil. à soupe d'huile d'olive,
2 cuil. à soupe de vinaigre,
sel, poivre.

Préparation : 15 mn
+ 2 h au réfrigérateur

1. Coupez les pains en 2 dans l'épaisseur. Préparez la vinaigrette. Avec les 2/3, imbibez généreusement la mie du pain.
2. Épépinez et coupez les poivrons en fines lanières. Plongez-les 5 mn dans de l'eau en ébullition. Égouttez-les. Coupez tomates et oignon en rondelles. Hachez l'ail. Dénoyautez les olives.
3. Garnissez les pains avec tous ces éléments. Disposez les anchois dessus. Salez légèrement et poivrez bien. Arrosez de vinaigrette. Reposez le couvercle du pain. Pressez fortement et enveloppez, bien serré, pour continuer d'imbiber. Laissez au frais 2 h avant de servir.

Pique-nique
Bateau
Camping-Caravaning

PLAT PRINCIPAL

POULET RÔTI À LA BROCHE

Pour 4, il faut :
1 beau poulet un peu gras,
1 grosse noix de beurre,
sel, poivre.

Préparation et cuisson : 1 h 15

1. Introduisez dans le poulet son foie, sel, poivre et un morceau de beurre. Transpercez-le avec la broche, bien en son milieu, pour que le poulet soit équilibré et tourne régulièrement pendant la cuisson. Si l'os des pattes (coupées) a tendance à frotter contre le gril, coupez-le avec de gros ciseaux.
2. Fixez la broche à mi-hauteur de la rôtissoire ou du four. Le poulet est cuit lorsqu'il est très doré : au bout d'1 h environ.

Trucs
Si le poulet rôti est destiné au pique-nique, enveloppez-le, encore très chaud, d'une double feuille de papier d'aluminium.
Il sera infiniment plus moelleux et savoureux une fois refroidi.

Les secrets du poulet rôti à la broche :
— il vaut mieux glisser le beurre à l'intérieur du poulet plutôt que de l'enduire ;
— arrosez souvent si la broche est dans un four et plus encore sur un barbecue, avec de la marinade spécialement préparée pour cette cuisson (recette p. 16) ;
— si la broche ne tourne pas automatiquement, donnez-lui, vous-même, un quart de tour toutes les 10 mn ;
— dans le four, laissez rôtir porte entrouverte ;
— sur barbecue, évitez à tout prix que les braises s'enflammant parviennent à lécher le poulet.

Pique-nique
Barbecue
Coin du feu

SALADE AMÉRICAINE

Pour 6, il faut :
200 g de poulet cuit (restes),
200 g de jambon cuit,
200 g de fromage (comté, emmenthal ou mimolette),
1 cœur de laitue,
2 endives,
1 poignée de mâche,
1 petit cœur de céleri-branche,
quelques petites tomates-cerises.

Vinaigrette :
1 cuil. à café de moutarde,
4 ou 5 cuil. à soupe d'huile,
1 cuil. à soupe de vinaigre,
sel,poivre.

Pique-nique
Bateau
Brunch-Buffet
Camping-Caravaning

Préparation : 45 mn

1. Dans un grand bol, délayez au fouet la moutarde avec l'huile, le sel, le poivre et le vinaigre. À cette sauce onctueuse, ajoutez le poulet et le jambon coupés en dés, le fromage détaillé en bâtonnets. Laissez macérer dans le réfrigérateur un moment. Mélangez de temps en temps.
2. Peu avant le repas, épluchez, lavez et égouttez les diverses crudités. Coupez les endives et le céleri-branche en tronçons.
3. Dans un saladier, mélangez les crudités avec les dés de poulet, jambon et fromage. Décorez de quelques petites tomates-cerises (*).

Variante

(*) Ou avec des cerises-fruits, conservées au naturel, ce qui sera plus authentiquement américain ! Ou encore, avec des cerises à l'aigre-doux.

DESSERT

SALADE DE FRUITS EXOTIQUES

Pour 8, il faut :
1 petit ananas bien mûr,
2 bananes,
2 oranges,
2 avocats,
2 mangues ou 2 goyaves,
12 litchis.

Sirop :
1 verre d'eau,
300 g de sucre (10 cuil. à soupe très pleines)
ou 1 verre 1/2 de sirop de sucre en bouteille,
jus d'1 citron,
1 petit verre de rhum.

Préparation : 30 mn
+ temps de refroidissement du sirop

1. Sirop : faites chauffer un verre d'eau avec 300 g de sucre. Mélangez. Dès qu'il bout fortement, retirez du feu et ajoutez-y le jus du citron et le rhum. Couvrez et laissez refroidir.
2. Salade de fruits : pelez l'ananas. Après avoir tranché plumet et base, posez l'ananas verticalement sur la planche à découper. Pelez épais en faisant glisser le long de l'écorce un grand couteau aiguisé. Ôtez les points noirs. Coupez en tranches fines : elles sont meilleures. Superposez plusieurs tranches. Plantez le couteau pointu, bien droit, et découpez autour du cœur fibreux, pour l'ôter.
Coupez les bananes en rondelles épaisses, les oranges en quartiers. Après avoir épluché, épépiné ou dénoyauté les avocats, les mangues ou les goyaves, coupez-les en morceaux.
Pelez les litchis et laissez-les entiers.
Disposez les fruits dans un saladier et arrosez-les avec le sirop. Laissez macérer plusieurs heures avant de servir.

Pique-nique
Brunch-Buffet
Coin du feu

SALADE MEXICAINE

Pour 4, il faut :
200 à 300 g
de haddock poché froid,
2 oranges
(ou 1 pamplemousse),
1 poivron vert,
1 oignon,
1 petite boîte
de maïs en grains,
persil, estragon
et cerfeuil hachés,
6 cuil. à soupe
d'huile d'olive,
jus d'1 citron,
quelques gouttes
de Tabasco,
1 grosse poignée
d'olives noires,
sel, poivre.

Préparation : 15 mn

1. Effeuillez le haddock cuit.
2. Pelez les oranges (ou le pamplemousse) à vif, en entamant légèrement la pulpe. Coupez-la en tranches très fines, en ôtant les pépins si nécessaire.
3. Lavez et ouvrez le poivron pour le vider. Coupez-le en fines lanières.
4. Pelez et coupez l'oignon en tranches fines. Séparez les anneaux. Hachez les fines herbes. Égouttez bien le maïs en boîte.
5. Dans un saladier, mélangez tous ces ingrédients avec l'huile d'olive, le jus de citron, le poivre, peu de sel et le Tabasco. Parsemez d'olives noires. Gardez au réfrigérateur jusqu'au moment de servir.

Variante
Vous pouvez également utiliser du haddock fumé cru pour cette salade, à condition qu'il soit parfaitement conservé. Dans ce cas, après l'avoir effeuillé, laissez-le mariner au froid avec le jus du citron et un peu d'huile. Mélangez à la salade un peu avant de la présenter à table.

Pique-nique
Bateau
Brunch-Buffet
Camping-
Caravaning

SALADE DE MORUE PESCADOU

Pour 4 ou 6, il faut :
1 boîte de filets de morue,
1 grande boîte de haricots-grains,
1 petit piment fort,
thym, laurier,
sel, poivre.

Assaisonnement :
4 cuil. à soupe de vinaigre,
8 cuil. à soupe d'huile,
1/2 verre de vin blanc sec,
1 cuil. à soupe de moutarde forte,
2 gousses d'ail,
16 olives noires,
thym, fines herbes,
sel, poivre.

Préparation et cuisson : 1 h
+ dessalage : la veille

1. La veille : faites dessaler la morue complètement dans beaucoup d'eau froide. Renouvelez-la plusieurs fois.
2. Mettez la morue dessalée à l'eau froide, avec sel, poivre, petit piment fort, thym, laurier. Portez lentement à ébullition. Retirez du feu aussitôt. Laissez refroidir dans le court-bouillon.
3. Effeuillez la morue. Assaisonnez-la avec les 2 gousses d'ail hachées, vinaigre, huile, vin blanc, moutarde, olives en morceaux, thym effeuillé, sel, poivre. Laissez mariner. Égouttez les haricots en boîte. Passez-les sous l'eau froide. Épongez-les et mélangez-les à la dernière minute avec la morue. Saupoudrez de fines herbes.

Truc

De la morue salée à point ni trop ni trop peu : il a été rajouté du sel dans son court-bouillon de cuisson car, si la morue a dessalé pendant 12 h au moins, il ne reste plus trace de saumure dans sa chair, et c'est bien ainsi.

Pique-nique
Bateau
Brunch-Buffet
Camping-Caravaning

SALADE DE PÂTES CHARCUTIÈRE

Pour 4, il faut :
250 g de coquillettes,
1 tranche épaisse de jambon cuit,
3 saucisses de Francfort,
2 cuil. à soupe d'huile,
quelques cornichons,
20 olives vertes,
quelques radis,
3 petites tomates,
4 œufs durs,
fines herbes,
sel.

Mayonnaise :
1 jaune d'œuf,
1 tasse d'huile,
1 cuil. à soupe de moutarde forte,
1 cuil. à café de vinaigre,
sel, poivre.

(ou 1 tube)

1 cuil. à café de paprika,
1 cuil. à café de ketchup.

Préparation et cuisson : 30 mn

1. Faites cuire les coquillettes. Égouttez-les aussitôt cuites et mélangez-les avec un peu d'huile.
2. Hachez les cornichons, radis, olives dénoyautées, fines herbes. Coupez tomates et œufs durs en quartiers.
3. Préparez une mayonnaise très relevée et assez fluide. Au besoin, incorporez-y un peu d'eau froide à la fin. Mélangez-la avec les coquillettes refroidies, les aromates hachés et les Francfort en rondelles. Décorez la salade avec le jambon coupé en carrés, œufs durs et tomates.

Si vous utilisez de la mayonnaise toute préparée, aromatisez-la avec ketchup et paprika comme dans la recette.

Variante

Cette salade peut être encore enrichie de blanc de poulet rôti ou fumé, fonds ou cœurs d'artichauts, champignons, dés d'avocat, etc.

Pique-nique
Bateau
Brunch-Buffet
Camping-Caravaning

SALADE DE RIZ À L'ORIENTALE

Pour 4 ou 6, il faut :
400 g de bœuf bouilli,
125 g de riz,
2 poivrons,
1 gros oignon doux,
persil haché, ciboule,
50 g d'olives noires,
1 melon,
coriandre fraîche (facultatif),
sel.

Vinaigrette :
7 cuil. à soupe d'huile,
2 cuil. à soupe de vinaigre,
4 pincées de safran,
sel, poivre.

Préparation et cuisson : 30 mn

1. Faites bouillir le riz de 15 à 17 mn dans de l'eau salée. Aussitôt cuit, passez-le sous l'eau froide. Égouttez-le à fond.
2. Préparez la vinaigrette au safran dans un grand saladier. Ajoutez-y ensuite les éléments de la salade : viande coupée en dés, poivrons épépinés et tranchés en lanières, rondelles d'oignon, riz, persil et ciboule hachés. Mélangez. Façonnez cette salade en dôme.
3. Décorez avec des feuilles de coriandre fraîche (persil arabe), des olives noires et des tranches de melon appuyées contre le « dôme ».

Variante
Achetez le bœuf bouilli, tout cuit, chez le boucher ou au rayon traiteur des supermarchés.

Pique-nique
Bateau
Brunch-Buffet
Camping-Caravaning

ENTRÉE FROIDE

SALADE SUISSE

Pour 4 ou 6, il faut :
1 laitue,
4 pommes de terre,
1 pomme-fruit,
200 g de gruyère,
persil,
1 cuil. à café de paprika.

Vinaigrette :
1 cuil. 1/2 à soupe de vinaigrette,
5 cuil. à soupe d'huile,
1 cuil. à café de moutarde,
sel, poivre.

Pique-nique
Bateau
Brunch-Buffet
Camping-Caravaning

Préparation et cuisson : 30 mn

1. Faites cuire les pommes de terre en robe des champs et durcir les œufs.
2. Coupez les pommes de terre et les œufs durs en rondelles, la pomme-fruit en lamelles, le gruyère en bâtonnets. Hachez le persil.
3. Vinaigrette : délayez d'abord huile et moutarde pour obtenir une sauce liée, puis sel, poivre et vinaigre en dernier lieu.
4. Garnissez un grand plat de feuilles de laitue. Disposez dessus, en les alternant, pommes de terre, œufs durs, pomme-fruit et gruyère. Arrosez d'un peu de vinaigrette. Servez le reste en saucière. Parsemez les pommes de terre de persil haché. Saupoudrez le gruyère de paprika.

LES BOISSONS

« BRÛLOT DU DIABLE »
(café à la mode de Louisiane)

Pour 6, il faut :
12 morceaux de sucre,
3 clous de girofle,
1 petit morceau de bois de cannelle,
1/2 zeste de citron (en ruban),
1/2 zeste d'orange,
6 verres à liqueur de cognac.

6 tasses de café très fort.

Préparation : 15 mn
+ macération : 1 h

1. Laissez macérer les épices, les aromates et le sucre dans le cognac, pendant 1 h.
2. Au dernier moment, préparez un café très fort.
3. Dans une petite casserole épaisse, versez la décoction d'épices et d'aromates ainsi que le cognac. Faites chauffer doucement.
Dès l'ébullition, enflammez. Ajoutez aussitôt le café et retirez du feu. Délayez et versez dans les tasses à travers un tamis.

Boissons
Barbecue
Bateau
Camping-Caravaning
Brunch-Buffet
Coin du feu

CAPPUCCINO
(café à la mode italienne)

Pour 6, il faut :
6 tasses de café très fort,
1 tasse de crème fraîche
(ou chantilly en bombe),
sucre,
1 cuil. à café
de cacao amer
en poudre.

Préparation : 15 mn

1. Préparez un café très fort.
2. Pendant ce temps, fouettez légèrement une tasse de crème fraîche assez liquide (à moins que vous n'utilisiez de la chantilly toute préparée en bombe).
3. Versez le café brûlant, sucré ou non, dans les tasses. Sur chacune, mettez une cuillerée de crème fouettée, 2 ou 3 pincées de cacao amer et présentez à vos convives.

CONFITURE DE VIEUX GARÇON

Prenez un très grand bocal. Emplissez-le de fruits de saison au fur et à mesure de leur apparition sur les marchés, en alternant : fruits, sucre en poudre et rhum.
Poids égal de sucre et de fruits, puis suffisamment de rhum pour que le tout soit toujours recouvert.
... et attendez 3 mois avant de goûter.

Par ordre d'entrée en scène :

CERISES
Lavez, séchez, équeutez. Mettez au fond du bocal.
Saupoudrez d'un poids égal de sucre. Recouvrez de rhum. Bouchez en attendant les fruits suivants.

PÊCHES
Pelez et coupez en quatre. Posez sur les cerises.
Ajoutez un poids égal de sucre.
Recouvrez de rhum.

ABRICOTS
Lavez et dénoyautez. Saupoudrez de sucre.
Recouvrez de rhum.

GROSEILLES ET FRAMBOISES
Lavez, séchez et égrappez les groseilles.
Lavez et épongez soigneusement les framboises.
Ajoutez sucre et rhum.

MIRABELLES ET REINES-CLAUDES
Lavez, séchez et ôtez queues et noyaux tout en coupant les fruits. Recouvrez de sucre et de rhum.

Boissons
Coin du feu
Brunch-Buffet

CONFITURE DE VIEUX GARÇON (suite)

POIRES
Pelez et coupez en 4. Ôtez les cœurs et les pépins.
Ajoutez sucre et rhum.

RAISINS
Terminez de remplir le bocal avec du Moissac (fine peau) et du muscat (très goûteux) en parties égales.
Lavez, séchez, égrappez. Ajoutez le sucre.

Remplissez le bocal de rhum. Bouchez.
Conservez au frais, dans un endroit sec, 3 mois au minimum, sans y toucher.

BOISSON FROIDE

CUP AU VIN BLANC

Pour 18 à 20 verres, il faut :
1 bouteille de vin blanc sec,
2 pêches mûres,
1 citron,
1 orange,
1 tronçon de concombre,
1 branche de céleri,
20 grains de raisin,
4 ou 5 cuil. à soupe de sucre,
1 ou 2 verres à apéritif de fine ou de cognac,
1 verre à liqueur de Cointreau (facultatif).

Préparation : 5 mn
+ 1 h au réfrigérateur

1. Coupez en rondelles le citron, l'orange et le tronçon de concombre non épluché. Pelez les raisins et les pêches. Mettez le tout dans un grand récipient ou pot en verre ainsi que les feuilles de céleri et le sucre.
2. Versez dessus le vin blanc et l'alcool que vous doserez selon votre goût. Mettez au froid un moment avant de servir.
Il est prudent, par temps chaud, de tempérer cette boisson avec une demi-bouteille d'eau gazeuse... ou même une bouteille entière !

Boissons
Barbecue
Bateau
Brunch-Buffet
Camping-Caravaning

IRISH COFFEE
(café à la mode irlandaise)

L'irish coffee réussi n'est pas un mélange mais une succession de goûts et de sensations, chaudes et froides. Un vrai plaisir gastronomique à éprouver, les yeux fermés !
Il est servi dans des mazagrans ou des verres en forme de flûte, en verre assez épais pour supporter le café brûlant.

Pour 6 verres, il faut :
2/3 l de café très fort,
12 cuil. à soupe de whisky irlandais,
6 morceaux de sucre,
6 cuil. à soupe de crème fraîche (ou chantilly en bombe).

1. Préparez un café très fort.
2. Pendant qu'il passe, allongez la crème fraîche avec un peu d'eau ou de lait glacé pour la rendre assez fluide. Battez-la au fouet sans trop insister afin de ne pas la faire tourner en beurre.
3. Dans chaque verre ou mazagran, versez : 2 cuil. à soupe de whisky froid. Déposez le sucre dans une cuiller à café. Faites couler le café très chaud dans le mazagran, sur le sucre. Ne tournez pas. Terminez par 1 grande cuil. de crème fouettée qui surnage à la surface. Présentez aussitôt aux convives, qui dégusteront sans mélanger surtout !

BOISSON FROIDE

LAIT DU DRAGON
(sans alcool)

Par personne :
1 petite banane,
quelques amandes pelées,
1 verre de lait,
1 cuil. à café de levure de bière en paillettes,
1 cuil. à soupe de germes de blé en paillettes,
1 cuil. à café de miel,
quelques gouttes de vanille liquide.

Préparation : 2 ou 3 mn

1. Versez d'abord le lait et le miel dans le bocal du mixer, puis les autres éléments solides : banane coupée en tranches épaisses, amandes, levure de bière, germes de blé et vanille.
2. Couvrez et mixez à grande vitesse jusqu'à obtention d'une purée très mousseuse. Servez aussitôt dans une grande chope.

Note
Levure de bière et germes de blé se trouvent sous forme de paillettes déshydratées ou lyophilisées, parmi les produits de régime.

LAIT DE POULE

Par personne :
1 jaune d'œuf,
1 cuil. à soupe de sucre en poudre,
2 cuil. à soupe de rhum,
1 petit bol de lait.

Préparation : 5 mn

1. Portez le lait à ébullition.
2. Pendant ce temps, mettez dans le bocal du mixer : jaune d'œuf, sucre en poudre et rhum. Mixez pendant quelques secondes.
3. Ajoutez ensuite le lait bouillant par petites quantités, en mixant entre chaque fois.

Dégustez aussitôt car le lait de poule ne peut être mis à réchauffer sans dommage à cause du jaune d'œuf.

Boissons
Bateau
Camping-Caravaning
Coin du feu

BOISSON FROIDE

MARQUISE AU CHAMPAGNE

Pour 10 verres, il faut :
1 bouteille de champagne (ou de mousseux) très froid,
1/2 bouteille d'eau gazeuse,
1 verre à bordeaux de liqueur d'orange,
2 grosses poignées de fraises (des bois de préférence).

Préparation : 15 mn

Dans une coupe ou un grand pot très froid (au besoin, mettez dedans quelques glaçons pour le rafraîchir) versez le champagne, l'eau gazeuse, la liqueur. Ajoutez-y les fruits. Servez aussitôt.

Variante

Des framboises donneront un parfum différent des fraises, mais très apprécié également.

MILK SHAKE AUX PÊCHES (sans alcool)

Pour 4, il faut :
5 pêches bien mûres,
1 citron,
1 verre de lait froid,
1 cuil. à soupe de crème fraîche,
1 ou 2 cuil. à soupe de sucre en poudre,
3 portions de glace à la vanille.

Préparation : 15 mn

1. Épluchez les pêches. Passez-les à la moulinette au-dessus d'une terrine. Arrosez-les aussitôt de jus de citron pour qu'elles ne noircissent pas.
2. Ajoutez lait et sucre. Battez au batteur électrique.
3. Puis mettez la glace en morceaux pas trop dure et la crème fraîche. Battez encore pour incorporer. Servez aussitôt dans de grands verres à jus de fruit... avec une paille, si possible.

Variante
Ce milk shake peut tenir lieu de dessert. Relevez-en l'arôme avec un peu de kirsch. Il peut se préparer avec des fraises ou des framboises (comptez 4 ou 5 tasses).

BOISSON FROIDE

PUNCH GUADELOUPÉEN

Par personne, il faut :
2/3 de rhum blanc,
1/3 de sirop de sucre tout préparé,
1 pincée de muscade,
1 petit zeste de citron,
1 glaçon pilé.

Préparation : 5 mn

1. Pour piler les glaçons, enfermez-les dans un torchon et, à travers, écrasez-les à l'aide d'un rouleau à pâtisserie ou d'un autre objet lourd et peu fragile.
2. Dosez le punch dans chaque verre selon les proportions ci-dessus. Ajoutez-y un petit zeste de citron plié en 2 pour en exprimer tout l'arôme, et 1 cuil. à soupe de glace pilée. Servez avec une paille ou une cuiller à café pour que chacun mélange avant de déguster.

Variante

PUNCH MARTINIQUAIS
Mettez simplement dans chaque verre : 2/3 de rhum blanc, 1/3 de sirop de sucre, 1 glaçon et 1 zeste de citron fendu en 2.

Note
Utilisez du sirop de sucre vendu tout préparé, ou suivez la recette indiquée dans le « ratafia de café ».

Boissons
Bateau
Brunch-Buffet
Camping-Caravaning
Coin du feu

PUNCH AU THÉ

Pour 12 tasses, il faut :
3/4 l de thé fort
(2 ou 3 cuil. à café
de thé),
350 g de sucre,
1/2 bouteille
de rhum blanc,
12 fines tranches
de citron.

Préparation : 10 mn

1. Portez à ébullition 3/4 l d'eau avec 350 g de sucre. Versez sur 2 ou 3 cuil. à café de thé. Laissez infuser quelques minutes.
2. Faites chauffer le rhum, dans une grande casserole, sans laisser bouillir. Ajoutez-y le thé très chaud ainsi que les tranches de citron. Faites flamber. Servez aussitôt en mettant une tranche de citron dans chaque verre.
Ou présentez, très froid, avec un glaçon.

Boissons
Bateau
Brunch-Buffet
Camping-Caravaning
Coin du feu

BOISSON FROIDE

RATAFIA DE CAFÉ
(digestif)

Il faut :
150 g de café
(pur Arabica),
1 l d'eau-de-vie à 45°.

Sirop :
375 g de sucre,
1/4 l d'eau.

1 bocal de 1,5 l
au moins.

Préparation : 15 mn
Macération : 1 semaine
+ 2 ou 3 jours

1. Broyez le café très grossièrement à l'aide d'un rouleau à pâtisserie, ou au moulin électrique 3 ou 4 secondes. Laissez macérer avec l'eau-de-vie pendant une semaine dans un bocal hermétiquement bouché.
2. Sirop : faites bouillir 1/4 l d'eau et 375 g de sucre, une minute seulement. Versez aussitôt dans le bocal où macère le café. Rebouchez. Au bout de 2 ou 3 jours, transvasez dans des bouteilles à travers un tamis très fin pour obtenir un « ratafia » limpide.

Boissons
Bateau
Coin du feu

SANGRIA

Pour 12 verres, il faut :
1 l de vin rouge corsé,
1 bouteille de vin doux,
100 g de sucre,
3 oranges,
1 citron,
6 pêches ou autres fruits frais juteux,
muscade râpée,
1 cuil. à café de cannelle en poudre,
eau gazeuse.

Préparation : 15 mn
+ quelques heures d'attente

1. Dans un grand pot à jus de fruits, mettez : vin, sucre, cannelle, muscade râpée. Ajoutez-y oranges et citrons en rondelles, les pêches coupées en morceaux (pêches-abricots de préférence). Laissez macérer 2 h à la température de la pièce, puis quelques heures au réfrigérateur.
2. Servez la sangria avec des cubes de glace et plus ou moins d'eau gazeuse selon votre goût (... et la santé de vos invités).

Variante
À défaut de pêches fraîches, utilisez les pêches-abricots en boîte avec leur jus. Dans ce cas, supprimez le sucre.

Boissons
Bateau
Brunch-Buffet
Camping-Caravaning

BOISSON FROIDE

SANGRITA
(sans alcool)

Pour 6, il faut :
le jus d'1 orange juteuse
et de 2 citrons verts,
1 ou 2 oignons blancs
finement hachés,
quelques gouttes
de Tabasco,
1/4 de poivron doux
moyen,
3 tomates très mûres,
eau gazeuse,
sel.

6 cubes de glace.

Préparation : 10 mn

1. Dans le bocal du mixer, versez le jus de l'orange et des citrons verts, sel, poivre, oignons hachés et Tabasco.
2. Épépinez et coupez finement le morceau de poivron. Pelez les tomates. Pressez-les à la main pour les débarrasser de leur jus acide. Coupez-les grossièrement. Mettez le tout dans le mixer ainsi que de l'eau gazeuse en quantité suffisante. Couvrez et mixez pendant quelques secondes. Présentez avec des cubes de glace.

Truc
Les tomates plongées 3 ou 4 secondes dans de l'eau en ébullition se pèleront sans aucun mal.

Boissons
Barbecue
Brunch-Buffet

BOISSON FROIDE

THÉ GLACÉ AU JUS D'ORANGE ET DE CITRON (sans alcool)

Pour 6 chopes, il faut :
3 cuil. à café de thé,
1/2 l d'eau bouillante,
5 ou 6 cuil. à soupe
de sucre en poudre,
le jus de 2 oranges
et d'1/2 citron vert,
1/2 bouteille
d'eau gazeuse
(Perrier ou soda),
plusieurs cubes de glace.

Préparation : 10 mn
+ refroidissement

1. Portez l'eau et le sucre à ébullition. Versez sur le thé, hors du feu. Laissez-le infuser jusqu'à refroidissement complet. Passez-le.
2. Au moment de servir : versez le thé dans un grand pot. Ajoutez-y le jus des oranges et du citron vert, l'eau gazeuse et les glaçons. Servez sans attendre avec une rondelle d'orange ou de citron dans chaque chope.

Boissons
Bateau
Brunch-Buffet
Camping-
Caravaning

BOISSON CHAUDE

THÉ À LA MENTHE
(sans alcool)

Pour 4 verres, il faut :
1 cuil. à café de thé vert,
1/2 l d'eau,
3 ou 4 cuil. à soupe de sucre en poudre ou cristallisé,
2 ou 3 branches de menthe fraîche (ou 2 bonnes pincées de menthe sèche).

Préparation : 10 mn

1. Mettez l'eau à bouillir.
2. D'autre part, ébouillantez la théière (haute théière arabe, en métal, de préférence). Mettez dedans le thé vert, le sucre et la menthe. Versez l'eau bouillante dessus. Laissez infuser 5 mn avant de servir. Secouez la théière plusieurs fois pour que le sucre fonde plus facilement.
3. Servez si possible dans de petits verres spéciaux, très décorés, garnis d'une feuille de menthe fraîche.

Le thé à la menthe peut être servi avec le couscous mais également entre les repas.

Note

Le thé habituel peut être préparé de cette façon mais le goût sera tout à fait différent.

Boissons
Bateau
Brunch-Buffet
Camping-Caravaning
Coin du feu

BOISSON CHAUDE

VIN CHAUD À MA FAÇON

Pour 4, il faut :
4 tasses de vin rouge
(ou vin blanc sec),
4 cuil. à soupe de sucre,
1 morceau de zeste
d'orange ou de citron,
4 rondelles de citron,
1 pincée de cannelle,
1 clou de girofle,
1 bâton de vanille,
1 pincée
de muscade râpée.

Préparation : 10 mn

1. Faites fondre complètement le sucre sur le feu, avec très peu d'eau.
2. Ajoutez-y vin rouge, zeste d'orange ou de citron, 1 pincée de cannelle, vanille, clou de girofle, 1 pincée de muscade râpée. Chauffez lentement sur feu doux. Retirez du feu dès qu'une écume grisâtre couvre la surface. Ne laissez pas bouillir.
3. Passez et servez aussitôt avec une rondelle de citron dans chaque tass

Boissons
Bateau
Camping-
Caravaning
Coin du feu

LES
ET
85 g
Paprika

PICES, CONDIMENTS
ERBES AROMATIQUES

LES ÉPICES, CONDIMENTS ET AROMATES

Le temps des loisirs est aussi celui de la découverte et de toutes les audaces. C'est le moment ou jamais de faire connaissance avec les saveurs nouvelles, étranges mêmes, de toutes les épices qui peuvent donner à la cuisine la plus courante, bien de chez nous, l'air d'avoir fait une escapade friponne aux pays du soleil.

Les herbes aromatiques, elles aussi, sont précieuses, mais le dépaysement qu'elles procurent est fait de nuances et de délicatesse. Elles évoquent nos campagnes, la belle saison, les jardins de curés, plutôt que les tropiques. Or, le bon usage des herbes aromatiques, comme celui des épices, demande un peu d'expérience et de doigté. Profitez de vos loisirs pour apprendre à les connaître et à les utiliser.

Dans les grandes lignes, on peut dire que les épices et herbes aromatiques séchées conviennent particulièrement bien au barbecue et aux marinades auxquelles elles ajoutent un parfum accentué. Quant aux herbes aromatiques de nos jardins, elles agrémentent délicatement les salades, les sauces à la crème, les fromages blancs.

Mais, chaque fois qu'une épice ou une herbe aromatique vous intrigue, que son utilisation vous rend perplexe, reportez-vous au chapitre qui suit. Vous devez sûrement y trouver réponse à votre question.

	Observations	Utilisations
AIL séché	• 1 petite cuil. à café rase équivaut à 1 gousse d'ail moyenne. L'ajouter à la cuisson.	• Plats cuisinés, vinaigrette, beurre composé, persillade.
ANETH frais séché (graines)	• Parfum anisé, proche du fenouil. • Les feuilles fines et échevelées sont très aromatiques.	• Saumon cru ou fumé. • Salades de poisson. • Salades de tomates, de concombre. • Bouquet garni pour court-bouillon de poisson. • Beurre composé. • Cornichons à la russe. • Choucroute. • Court-bouillon de poisson. • Fromage blanc.
ANIS VERT	• Peut remplacer le fenouil.	• Soupe de poisson, poissons au four, court-bouillon de poisson. • Bretzels, pain d'épice, brioche flamande.
BASILIC • à larges feuilles • à feuilles fines	• Arôme légèrement citronné. • Ajouter fraîchement coupé, à la dernière minute. **Basilic séché entier :** réhydrater avec un peu d'eau froide citronnée, 15 mn avant de l'utiliser. Ne supporte pas la comparaison avec le basilic frais.	• Potages aux légumes et à la tomate, pistou, minestrone. • Œufs brouillés, omelettes. • Viandes blanches et volailles braisées. • Pâtes au beurre, ratatouille niçoise. • Sauce tomate, beurre composé ou fondu.

	Observations	Utilisations
CANNELLE poudre ou écorce roulée	• Très parfumée. • Utilisée surtout pour les desserts et dans la cuisine de l'Est.	• Rôti de porc. • Tranches de jambon cuit, grillées ou poêlées. • Pommes en compote, au four, tartes. Pruneaux. • Riz au lait, pain perdu, sablés. • Linzertart, mince pie, plum pudding, strudel aux pommes. • Cuisine chinoise. • Sangria, vin chaud, punch.
CARVI	• Saveur plus douce, moins accentuée que celle du cumin avec lequel on a tendance à le confondre.	• Poissons au court-bouillon. • Oie rôtie, lapin sauté. • Veau et porc braisés. • Goulash, irish stew. • Chou rouge, choucroute, betterave rouge en salade. • Munster.
CAYENNE (poivre de)	• Explosivement épicé. • Piment enragé, piment oiseau, chili et cayenne sont une même famille. • Utilisé avec grande prudence, par pointes de couteau, il peut relever un grand nombre de plats français, au même titre que le poivre ordinaire.	• Toute cuisine exotique. • Soupe de poisson, bisque, bouillabaisse. • Salades de coquillages, crustacés, poissons. • Cocktail de crevettes, de crabe. • Homard ou lotte à l'américaine. • Viandes en sauce, salade de poulet. • Sauces barbecue, diable, américaine, ailloli, rouille, mayonnaise. • Jus de tomate.

	Observations	Utilisations
CÉLERI séché	• 1 cuil. à café rase équivaut à une petite branche. Saveur très accentuée. L'utiliser avec modération. Indispensable dans les potages et courts-bouillons de viande et de volaille.	• Presque tous les potages. • Moules marinière. • Viandes et volailles braisées. • Sauce tomate. • Jus de tomate.
CERFEUIL	• Les feuilles, fraîchement coupées, sont ajoutées aux crudités ou à des mets préparés, en fin de cuisson seulement. • Très parfumé lorsqu'il est frais ; jaunit vite. **Cerfeuil séché :** le réhydrater 15 mn dans très peu d'eau froide, s'il doit être utilisé sans cuisson.	• Presque tous les potages, gazpacho. • Omelettes. • Volailles, lapin. • Salades vertes, tomates, concombres, pommes de terre. • Vinaigrette, sauce verte, au vin blanc, beurre composé.
CIBOULETTE (ou civette)	• Goût proche de celui de l'oignon, mais beaucoup plus discret. • La couper avec des ciseaux avant de l'ajouter à une salade ou dans une préparation cuite, en fin de cuisson seulement. • S'abîme vite, même au réfrigérateur.	• Gazpacho. • Omelettes, œufs brouillés, farcis, cocotte. • Lapins. • Escalopes de veau à la crème. • Croquettes ou tourtes de pommes de terre, hachis Parmentier. • Salades vertes, de tomates, pommes de terre. • Sauces tartare, vinaigrette, gribiche, beurre composé. • Fromage blanc.

	Observations	Utilisations
CIBOULE	• Plus épaisse que la ciboulette, son goût est plus fort. **Ciboulette séchée, coupée :** la réhydrater 15 mn dans très peu d'eau froide, avant d'ajouter sur une salade ou dans un plat cuisiné. Très satisfaisante en cuisson.	Utilisation identique à la ciboulette.
CITRONNELLE (Santoline ou armoise des jardins)	• Plante très odorante à petites feuilles rondes, au parfum subtil, légèrement citronné.	• Cuisine orientale et moyen-orientale. • Salades vertes. • Salades de petits crustacés et coquillages (crevettes, langoustines, etc.). • Taboulé.
CORIANDRE	• Ne pas confondre avec des grains de poivre à cause de leur apparence. • Les graines de coriandre ne sont pas épicées. Leur goût est un peu anisé.	• Champignons et artichauts à la grecque. • Cuisine orientale (bouillon du couscous, boulettes, brochettes, etc.). • Cornichons à la russe, vinaigre aromatisé. • Marinades.
CORIANDRE FRAÎCHE (ou persil arabe)	• Herbe aromatique à feuilles plates, ressemblant au persil courant mais d'une saveur très différente.	• Cuisine chinoise. • Cuisine orientale. • Salade de tomates.

	Observations	Utilisations
CUMIN (oriental)	• Très aromatique. Légèrement épicé, assez différent du carvi (cumin des prés) avec lequel on le confond parfois.	• Cuisine orientale : couscous, brochettes, tagines, boulettes. • Poissons marinés. • Salades.
CURCUMA (ou safran bourbon)	• Épice à saveur douce, évoquant légèrement le gingembre. • Donne une couleur jaune d'or aux aliments.	• Cuisine indienne. • Cuisine nord-africaine. • Soupe de poisson, de coquillages. • Viandes et poissons au curry. • Riz pilaf. • Beurre composé.
CURRY	• Mélange d'épices très pimentées et très aromatiques. • Il communique aux aliments une coloration jaune soutenu. • Employé en grande quantité dans la cuisine indienne. Mais à utiliser avec modération dans la cuisine française qu'il relève agréablement.	• Cuisine indienne (curry). • Soupe de poisson. • Poissons au four, moules, crustacés. • Œufs durs et pochés. • Ragoûts de porc, veau, mouton, bœuf. • Poulet et lapin sautés. • Riz pilaf, pâtes au beurre. • Sauces blanche, curry, mayonnaise.
ÉCHALOTE	**Échalote séchée :** 2 cuil. à café rases équivalent à 1 échalote moyenne. La réhydrater 15 mn dans un peu d'eau froide avant de l'utiliser, crue.	• Potages, court-bouillon. • Moules marinière, poissons. • Andouillette braisée. • Ragoûts, bourguignon. • Poulet, lapin sautés. • Escalopes et côtes de veau. • Steaks et croquettes. • Sauce bordelaise.

	Observations	Utilisations
ESTRAGON	• Couper les feuilles mais ne jamais les hacher. Les ajouter, en fin de cuisson, aux mets cuisinés. • Se conserve bien au réfrigérateur, enveloppé dans du papier d'aluminium ou, mieux encore, dans une boîte plastique hermétique. **Estragon séché :** utiliser tel quel, dans un plat en train de cuire ou le réhydrater 10 mn à l'eau froide citronnée, avant de l'ajouter à des crudités ou des œufs. Très satisfaisant, en cuisson surtout.	• Tous poissons et coquillages. • Omelettes, œufs en gelée ou farcis. • Toutes viandes et volailles à la crème ou farcies. • Poulet et lapin sautés. • Steaks et escalopes. • Salades vertes. • Concombre, tomates en salade. • Sauces béarnaise, gribiche, ravigote, tartare, piquante.
FENOUIL	• Parfum anisé. • Les branches séchées sont généralement destinées à flamber les poissons grillés en fin de cuisson. • Les graines vertes sont, par contre, ajoutées en cours de cuisson aux mets qu'elles aromatisent. **Fenouil séché graines et poudre :** l'ajouter en cours de cuisson, avec modération car son arôme est très accentué. Tout à fait conseillé.	• Frais avec poisson fumé. • Cuisine méridionale : soupe de poisson, bourride, bouillabaisse. • Tous poissons grillés et cuits au four. • Sauce tomate. • Légumes secs. • Marinades et court-bouillon de poisson.

	Observations	Utilisations
GENIÈVRE	• Saveur douce, légèrement résineuse et poivrée.	• Pot-au-feu. Soupe au chou. • Gibier à plume rôti. • Rognons de veau flambés, au vin. • Choucroute, chou rouge braisé. • Saucisses. • Marinades. • Eau-de-vie.
GINGEMBRE	• Saveur très aromatique, piquante. • La poudre de gingembre s'ajoute pendant la cuisson. L'utiliser «à la pointe du couteau».	• Cuisine arabe. Poulet à la marocaine. Couscous. • Cuisine orientale. Porc, poulet, canard à la cantonnaise. Croquettes de poisson. • Curry. • **Régimes sans sel :** le gingembre peut compenser l'absence de sel.
GIROFLE	• Bouton du giroflier à saveur très âcre, très épicée mais agréable. Ses qualités antiseptiques le font utiliser dans les conserves, cornichons, marinades, etc. • L'utiliser avec modération, piqué dans un oignon.	• Pot-au-feu. Consommés. • Tous les courts-bouillons (viandes ou poissons). • Viandes sautées, braisées, en ragoût, en civet. • Jambon braisé. • Haricots secs, lentilles, pois chiches. • Marinades. • Cornichons. • Compote de pommes, de pruneaux. • Vin chaud. Sangria.

	Observations	Utilisations
HARISSA (poudre)	• Mélange très piquant et coloré de piments variés, épicés et aromatiques, de coriandre, ail, etc. • Délayer la poudre de harissa avec très peu de bouillon de viande chaud, pour obtenir une sorte de purée. Mélanger ensuite, par quantités minimes, au mets à relever.	• Cuisine nord-africaine. Couscous. Chouchouka. • Calamar, homard, langouste à l'américaine. • Morue portugaise. • Poulet à l'espagnole. • Chili con carne. • Riz à l'espagnole, paella, semoule, riz nature. • Ratatouille niçoise froide. • Rouille. Sauce américaine.
HERBES DE PROVENCE séchées	• Assortiment d'herbes aromatiques variées, séchées dès la cueillette, dont thym, laurier, sarriette, marjolaine, origan, romarin, sauge, serpolet. • En saupoudrer abondamment les aliments à griller. Si possible, laisser macérer 1/2 h avant cuisson. • Utiliser avec plus de modération dans les plats cuisinés.	• Toute cuisine sur barbecue. • Poissons grillés, à la poêle, au four. • Viandes rouges grillées, steak haché. • Paupiettes, escalopes, côtes de porc à la poêle, rôti de porc. • Saucisses, crépinettes, foie, rognons. • Pommes de terre sautées. • Marinades. • Pâtés, farces.
LAURIER (laurier sauce)	• L'utiliser avec prudence car il peut communiquer trop d'amertume. • 1 feuille de laurier — 1/2 feuille s'il est frais — suffit à un bouquet garni. • Par contre, le laurier sera employé plus généreusement avec les brochettes,	• Toutes brochettes grillées : langoustines, coquilles Saint-Jacques, chiche-kebab, bœuf, etc. • Poissons au four ou grillés. • Volailles, lapins sautés. • Viandes braisées. • Paella, rizotto. • Sauces tomate, au vin.

	Observations	Utilisations
LAURIER (suite)	ou émietté sur un poisson au four. **Laurier séché entier ou en poudre :** l'utiliser de préférence au laurier frais.	• Pâtés. • Marinades. • Cornichons au vinaigre. • Court-bouillon. • Bouquets garnis.
MARJOLAINE (variété d'origan)	• Son arôme, proche du thym, est plus discret. Elle peut être utilisée à sa place, par pincées discrètes. • Se conserve séchée assez longtemps, sans perdre de son parfum. **Marjolaine séchée (ou origan) entière :** très satisfaisante.	• Pizza, pissaladière. • Goulash. • Minestrone. • Poissons au four. • Toutes brochettes. • Lapin et poulet sautés. • Escalopes, côtes et rôtis de veau, mouton, porc. • Sauce tomate. • Farces.
MUSCADE	• Saveur très pénétrante mais douce. • L'utiliser avec modération, par «râpures» dans le plat en cuisson.	• Soupe à l'oignon. • Fondue au fromage. • Soufflé. • Croque-monsieur, quiche lorraine. • Poissons au four. • Sauté de veau, croquettes, lapin sauté, en civet. • Purée, croquettes de pommes de terre, hachis Parmentier. • Épinards, pois. • Béchamel. • Pâtés, marinades. • Pâtisserie anglaise. • Compotes de pruneaux, pommes, poires. • Vin chaud.

	Observations	Utilisations
OIGNON séché	• Réhydrater 15 mn à l'eau tiède avant de faire revenir. • Ou l'ajouter tel quel dans un plat en cuisson.	• Soupe à l'oignon. • Potages aux légumes. • Viandes et sauces mijotées. • Marinades.
ORIGAN séché	• Arôme assez âcre, plus accentué que le thym. Peut être remplacé par la marjolaine dont il est très voisin.	• Cuisine italienne. • Pizza napolitaine. • Gratin de coquillages. • Poissons au four, grillés, en brochettes. • Viandes grillées, mijotées, à la poêle. • Brochettes de viande, de rognons, de foie. • Tomates sautées, haricots verts braisés à la tomate. • Ragoût d'aubergines, de poivrons. • Aubergines farcies, champignons farcis au parmesan. • Sauce tomate.
PAPRIKA	• Poudre de piment de Hongrie, dit «précieux-doux», à saveur âcre et très colorante, non piquante. • Se marie bien avec les sauces à la crème. • Peut être remplacé par du «piment doux».	• Cuisine hongroise. • Fromage blanc en hors-d'œuvre. • Poulet sauté, à la crème, à la fondue de tomate. • Ragoût de viande (goulash), escalopes, côtes de porc. • Rizotto, nouilles à la crème. • Sauce tomate, béchamel, mayonnaise.

	Observations	Utilisations
PERSIL	• Le persil commun à feuilles lisses, est le plus parfumé. • Le persil frisé, plus répandu est très décoratif. • Les feuilles seules sont hachées pour décorer les plats et crudités. Tandis que les tiges sont utilisées dans les courts-bouillons et bouquets garnis. • Il se conserve bien au froid, hermétiquement enveloppé ou, déshydraté, en flacon. **Persil séché, entier :** avant d'utiliser sur crudités, réhydrater 15 mn dans un peu d'eau froide citronnée.	• Potages. • Escargots et coquillages farcis. • Omelettes, œufs farcis. • Salades de pommes de terre, betterave rouge, crudités. • Haché ou frit, en garniture de nombreux plats. En persillade (hachis d'ail et de persil). • Sauces persil (pour poissons), gribiche, ravigote, Bercy. • Beurre maître d'hôtel, d'escargots. • Bouquet garni, farces, marinades.
PIMENT DOUX	• Piment d'Espagne. Très proche du paprika par sa couleur et sa saveur. Il n'est pas piquant.	• Mêmes emplois que le paprika. • Cuisines espagnole et portugaise.
PIMENT ENRAGÉ (dit piment oiseau)	• Petit piment pointu, extrêmement fort dont on fait le «cayenne» en poudre. • Utiliser parcimonieusement.	• Cuisine exotique. • Cuisine portugaise. • Certains plats provençaux : ex. rouille. • Marinades. • Cuisson haricots secs, lentilles. • Court-bouillon de poissons et crustacés.

	Observations	Utilisations
PIMENT DE LA JAMAÏQUE	• Pas piquant du tout. • Saveur très corsée évoquant girofle, muscade et cannelle, d'où son autre nom de « toute-épice ».	• Dans le moulin à poivre, quelques grains mélangés au poivre. • Pot-au-feu. • Bouillons de viande et de volaille. • Poissons au four, à la poêle. • Omelettes, œufs au plat. • Viandes mijotées et grillées. • Sauces vinaigrette, tomate, mayonnaise, au vin. • Vinaigre de vin aromatisé. • Cornichons. • Marinades. • Pâtés.
QUATRE-ÉPICES	• Mélange aromatique mais raisonnablement poivré, à base de muscade, girofle, gingembre et poivre.	• Soupe à l'oignon, consommé de viande. • Matelote de poissons. • Volailles braisées : canard, pintade. • Viandes mijotées, civets, croquettes de viande, sautés. • Pâtés. • Farces. • Plum pudding. • Sauces au vin. • Vinaigrette.
POIVRE BLANC	• Plus aromatique que le poivre gris. • Cueilli à maturité, puis décortiqué avant dessiccation.	• Conseillé pour les sauces blanches, les soufflés au fromage, les œufs au plat, etc. sur lesquels il ne laisse pas de traces comme le poivre gris.

	Observations	Utilisations
POIVRE GRIS	• Plus piquant que le poivre blanc. • Récolté avant maturité et séché au soleil.	• Indispensable à la préparation de la cuisine.
POIVRE VERT	• Arôme très subtil, piquant, moins agressif que celui des poivres gris et blanc. • En saumure, l'égoutter avant de l'utiliser. Un reste de poivre vert peut être conservé, dans sa saumure d'origine, plusieurs semaines au réfrigérateur.	• Ajouté à mi-cuisson : filet au poivre, canard braisé, rognon de veau, lapin sauté, à la crème, etc. • Terrines de gibier.
ROMARIN	• Les branches séchées peuvent être flambées autour d'une viande ou d'un poisson grillé. • Les feuilles, fraîches ou séchées, sont utilisées avec discrétion car l'arôme est assez accentué. **Romarin séché, broyé ou pulvérisé :** la poudre de romarin sèche est à utiliser avec prudence car difficile à doser.	• Soupes de poisson. • Poissons au four, au court-bouillon. • Brochettes de bœuf, de rognons. • Barbecues. • Viandes blanches : escalopes, rôtis de veau, de porc, de dindonneau. • Poulet et lapin sautés. • Sauce tomate. • Pâtés, marinades, cornichons, vinaigre aromatisé.
SAFRAN	• Stigmates séchés de fleur de crocus. • Saveur très prononcée, légèrement amère et non piquante.	• Cuisine méridionale. • Bouillabaisse, soupe de poisson, calamars. • Paella. • Sauce rouille.

	Observations	Utilisations
SARRIETTE	• Appelée aussi «poivre d'âne». • Son arôme est plus délicat que celui du thym dont il se rapproche. • Feuilles et fleurs sont utilisées fraîches ou séchées.	• Soupe de poisson. • Brochettes. • Viandes blanches rôties ou braisées. • Légumes secs, cassoulet, salade de pois chiches. • Fromage de chèvre.
SAUGE	• 3 variétés : grande, moyenne et petite sauges. La plus petite est la plus parfumée. • Ne supporte pas le grand feu qui décompose son arôme. La réserver aux cuissons douces, l'ajouter en fin de cuisson. • L'employer avec discrétion, son goût est envahissant. **Sauge séchée en poudre :** (beaucoup moins parfumée que la sauge fraîche).	• Minestrone, aïgo saoù (soupe à l'ail). • Toutes viandes blanches et grasses, rôties ou mijotées : osso bucco, crépinettes, côtes de porc, volailles. • Légumes secs, petits pois. • Salades de tomates ou de légumes secs. • Sauce tomate. • Marinades et pâtés.
SERPOLET	• Thym sauvage, appelé aussi «farigoulette». • L'herbe du lapin par excellence. L'arôme du serpolet, plus doux que celui du thym, convient mieux aux viandes blanches. Mais dans l'ensemble leur usage est le même. **Serpolet séché entier :** très satisfaisant.	• Poissons au four et grillés. • Coquilles Saint-Jacques en brochettes. • Lapin sauté, rôti, à la moutarde, en civet. • Toutes grillades et viandes braisées. • Pâtés, marinades, court-bouillon. • Bouquet garni.

	Observations	Utilisations
THYM	• Appelé aussi «farigoule». • Le thym à feuilles pointues est le plus répandu. • Le thym citronné, à feuilles rondes, a une odeur agréable de citron qui le destine spécialement aux poissons et, s'il est frais, à certaines salades. **Thym séché entier :** très satisfaisant.	Utilisation identique au serpolet.

INDEX ALPHABÉTIQUE

INDEX PAR CATÉGORIE DE PLATS

POTAGES

SALADES

ENTRÉES FROIDES

ENTRÉES CHAUDES

ŒUFS

POISSONS - COQUILLAGES - CRUSTACÉS

VIANDES - ABATS

VOLAILLES

INDEX PAR CATÉGORIE DE PLATS

INDEX PAR SPÉCIALITÉS

LE BARBECUE

LE BATEAU

LE BRUNCH-LE BUFFET

LE CAMPING-CARAVANING

Épilogue

Le soleil de ce jour de printemps se leva dans un beau ciel clair. Un bon présage, de l'avis de tous ! Le père Micheil avait publié les bans trois semaines plus tôt et la porte de la chapelle ainsi que l'autel étaient décorés de fleurs fraîches, où se mêlaient toutes les couleurs et tous les parfums du renouveau.

A l'intérieur du château, le cuisinier et ses aides préparaient le repas de noces. Au village, les femmes avaient disposé des graines et autres symboles de fécondité dans le cottage neuf et jusque dans le lit où allait être consommée leur union.

Bref, tout était prêt pour le mariage de Marian Robertson et de Duncan MacLerie.

Tout... sauf la mariée, qui se tenait agenouillée devant le vase de nuit où elle soulageait son estomac.

— J'ai dû manger quelque chose d'avarié, s'excusa-t-elle auprès de ses compagnes.

— Je ne pense pas, Marian, dit Jocelyn en souriant.

— Alors ce sont sans doute mes nerfs. Après tout, il s'agit d'un vrai mariage cette fois, pas seulement d'une union temporaire !

Enceinte jusqu'aux yeux, Margriet secoua la tête à son tour.

— Oh ! non, ce n'est pas la nervosité !

— Je suis peut-être malade dans ce cas. Après tout, c'est le troisième jour de suite que…

Elle se tut et dévisagea les trois femmes qui l'observaient en riant.

— Non, ce n'est pas possible ! s'exclama-t-elle, les yeux écarquillés.

Elle s'assit sur ses talons et posa une main sur son ventre.

— Vous croyez que… j'attends un enfant ? Je ne savais pas que…

Elle s'interrompit net, consciente de sa maladresse. Sa stupéfaction lui avait fait oublier qu'elle était censée avoir déjà enfanté.

— … j'allais avoir un autre enfant, corrigea-t-elle en hâte.

Jocelyn l'aida à se relever et fit emporter le vase par une servante.

— Ce ne devrait pas être une surprise, Marian. Les hommes sont plutôt prolifiques chez les MacLerie.

Effectivement ! Si l'on considérait que ces femmes avaient donné naissance à dix enfants à elles trois et qu'un autre au moins était en route, on ne pouvait pas dire que les MacLerie aient un problème de fécondité !

— Duncan s'en doute-t-il ? demanda Margriet.

A la requête du père Micheil, les deux futurs époux vivaient à part depuis la publication des bans. Et Duncan n'appréciait guère cet arrangement qui le vouait à un célibat forcé. Marian ne lui avait pas parlé depuis la veille et s'attendait à ne pas dormir beaucoup la nuit suivante, lorsqu'ils auraient regagné leur cottage.

— Comment le pourrait-il ? répondit-elle en rajustant sa robe. Je n'en savais rien moi-même avant cet instant.

— Vous devriez le lui dire tout de suite. Cela améliorera son humeur !

Elles disposèrent des fleurs dans les cheveux de Marian, qui cascadaient librement sur ses épaules et dans son dos. Puis elles sortirent en cortège de la chambre et se dirigèrent vers la salle où Duncan était occupé à trinquer avec les autres maris.

Tous les hommes se figèrent en la voyant approcher, et Marian se sentit rougir sous leur regard appréciateur. Duncan tendit les mains vers elle et l'examina de la tête aux pieds.

— Vous êtes un délice pour les yeux, ma femme, dit-il en l'attirant vers lui. Et dire que vous êtes mienne !

Et elle qui cherchait une entrée en matière pour lui annoncer la nouvelle ! C'était l'occasion rêvée…

— Oui, Duncan, *nous* sommes à vous.

Il regarda autour de lui.

— Où est la petite ?

— Non, Duncan, ce n'est pas ce que je veux dire.

Elle lui prit la main et la posa sur son ventre.

— Nous sommes à vous tous les deux, répéta-t-elle.

Elle sut à quel moment exact il avait compris, car il rejeta la tête en arrière en criant à la cantonade :

— Hé, vous autres, vous avez entendu ? Je vais être père !

Puis il la souleva dans ses bras et la fit tournoyer encore et encore jusqu'à ce que Jocelyn s'interpose.

— Arrêtez, voyons, ce n'est pas le moment ! cria-t-elle. Elle vient juste de vomir.

Puis elle entraîna les autres à l'autre bout de la

pièce, afin de leur laisser un moment d'intimité avant la cérémonie.

— Cela vous fait vraiment plaisir ? questionna Marian dès que les autres se furent écartés.

— Moi ? J'ai fait tout ce qu'il fallait pour que cela arrive, rétorqua-t-il fièrement. Personne n'a davantage besoin d'un enfant que vous, Marian. Je voulais que vous connaissiez le même bonheur que Jocelyn, Margriet et les autres. Ciara sera toujours votre aînée, que vous l'ayez mise au monde ou pas. Mais celui-ci sera *notre* premier enfant.

— Et... et ce soir ? interrogea-t-elle, perplexe.

Pouvaient-ils encore se livrer aux joies de l'amour, à présent qu'elle attendait un enfant ?

— Ce soir ? J'ai bien l'intention de vous coucher dans mon lit et de vous faire l'amour toute la nuit ! Enceinte ou pas, vous aurez l'impression que c'est de nouveau notre première fois.

Il secoua la tête et corrigea :

— Mieux que notre première fois !

Il déposa sur ses lèvres un long baiser plein de promesses, puis releva la tête et lui sourit.

— Rappelez-vous la prédiction que j'ai faite au père de Beitris. Ce soir, vous n'entrerez pas vierge dans le lit nuptial. Osez dire ensuite que je ne suis pas un bon prophète !

Elle éclata de rire et il la serra éperdument contre lui.

— Aujourd'hui, je vous choisis, Marian. Je vous choisis contre vents et marées. C'est vous que je veux, avant tous les autres, avant tout ce qui fait ma vie. Oui, répéta-t-il solennellement, je *vous* choisis...

Le laird se tenait à quelques pas de là et regardait son cousin et ami découvrir l'une des plus belles joies de la vie — celle d'avoir engendré un enfant avec la femme aimée. Connor se tourna vers Jocelyn et vit qu'elle éprouvait les mêmes sentiments que lui.

— Vous êtes heureuse, hein ? dit-il en essuyant les joues mouillées de sa femme. Mais vous le saviez déjà, je suppose ?

Elle lui sourit à travers ses larmes.

— Oui, Connor. Nous savions toutes, dit-elle en désignant du menton les autres femmes debout près de leurs maris respectifs. Mais nous ne pouvions rien dire tant qu'elle ne s'en était pas aperçue elle-même.

Connor baissa la voix.

— Et vous a-t-elle avoué que c'était son premier ?

Jocelyn jeta un coup d'œil autour d'elle pour s'assurer qu'on ne pouvait pas les entendre.

— Est-ce Duncan qui vous l'a dit ?

— Non, mon amour. Duncan ne m'a rien confié du tout. Mais j'ai observé Marian pendant tous ces mois. Et cela m'a semblé évident.

Il l'attira dans ses bras et l'embrassa. Décidément, elle ne cesserait jamais de l'émerveiller !

— Pourquoi ne m'avez-vous rien dit quand vous avez pressenti la vérité à propos de Marian ? Je suis votre laird, après tout !

— Il y a des choses qu'un laird n'a pas besoin de savoir, murmura-t-elle, mutine. Ou du moins qu'il n'a pas à savoir le premier…

Elle le força à incliner la tête pour l'embrasser sur la bouche.

— Je vous en aurais parlé si j'avais jugé que cela

représentait une menace pour le clan. Mais comme tel n'était pas le cas...

Le reste de ses paroles se perdit dans un nouveau baiser. Connor n'insista pas, mais il était troublé. L'attitude de Duncan, comme celle de Rurik à son retour des Orcades avec Margriet, le tracassait un peu.

Un homme avait-il le droit d'avoir des secrets pour son laird ?

Il regarda ses cousins et leurs épouses, puis plongea dans les yeux de celle qu'il aimait... et il eut soudain la réponse.

Quand un homme aimait une femme de tout son cœur et de toute son âme, il devait être prêt à tout pour la protéger, même à mentir.

C'était ce qu'il avait fait dix ans plus tôt.

Et ce qu'avaient fait aussi Rurik et Duncan.

En tant que laird, il était horrifié qu'on puisse faire passer quoi que ce soit avant la loyauté au clan et à son laird.

Mais en tant qu'homme, il pouvait comprendre et accepter.

Et en tant qu'homme amoureux, il était prêt à en faire autant pour son compte.

Il promena un lent regard autour de lui, et ses derniers doutes s'évanouirent. Oui, Rurik et Duncan, comme lui, avaient su trouver des compagnes dignes d'être protégées ainsi et aimées de cet amour-là...

LE COIN DU FEU

LE PIQUE-NIQUE

LES BOISSONS

LES ÉPICES, CONDIMENTS ET HERBES AROMATIQUES

Achevé d'imprimer
en mars 1992 par I.M.E. - 25110 Baume-les-Dames
23.36.4808.01.4
ISBN : 2.01.019068.8
N° d'édition : 19847/92020
N° d'imprimeur : 8253
Dépôt légal : 7876 - Avril 1992